ÚJMAGYAR GÉP

1.1 

Magyar versek neurális hálóval

Menyhei

SZONETT A ZONGORÁHOZ

Míg minden este elbűvölve,
Szüntelen zongorára jár az
Éjfél, tompa ritmusra,
Csavaros hangokon sikoltja,
Oly magasra, mint a Hold –
S nem tudom, melyik égbolt,
Melyik csillag küldte még
Virágos, üres sírgödrét.

Óh, a zongorához vajon
Mily kevés minden szó, ami
Sírásba, sikolyba költözött,
Fájdalmak közt, könnyek között.

Míg lehull, elhal-e örök
Álomba, vagy a lejtőn keresztül
Visszahoz még egy szűzi neszt?

A zongorához, a zongorához,
Illenek-e a zongorához a torlódó
Érzelmek, elfelejtve bánatot,
Kegyelmet és átkot, háborút,
A nyugalmat, és visszaadását
Az idő halvány jussának, mely
Apró, névtelen betűk közt kúszik
Alacsonyan, és legfelül,
A lelkemben is érzi gyermekes
Szorgalommal a zsivajt,
Hogy jobban tudjak írni
Életének fülledt romjainál,
Melyek nem illenek a zongorához?

Mert jobban tudok élni nélküled,
Halálom édes emlékei,
Mert jobban tudom élni, élni,
Mint az egész életem:
Én visszaadtam mindazt,
Amitől az ember fölsírt,
Mindazt a kincses gazt, amit
Megértettem szegény,
Bánatos életem során,
Mely mindig, mindenkor visszavitt,
S mikor akartam ismét tisztán
Hallani, visszahozni a dalt,
Megadtam magam, megadtam a dalt,
A zongorát, a zongorát.

Fölsírt már a zongora,
Fölsírt a zongora,
Míg egy hang, egy árny röppent
Elé, zúgott, hömpölygött,
Mint kit a kórja figyelmeztet
Egy hangölő órára.

Míg a zongora, zúgva,
Megremegve nézte a véres
Zsebkendőt, piros izmokat
Kerestem, bújtam elalélva,
Föltártam a fény szárnyait,
S az elhullatott földeken
Sütöttem egy lángszínű fényt,
Ami örök-jégbe fagyott,
Míg a zongora halhatatlan
Zenéjének harsogott.

Super-257000

2020. április 17.

Mire gondolt a költő? Semmire!

NLP (Natural Language Processing): A természetes nyelvfeldolgozás (NLP) a nyelvészet, a számítástechnika és a mesterséges intelligencia egyik részterülete, amely a számítógépek és az emberi nyelv közötti kölcsönhatásokkal foglalkozik, különösen azzal, hogy hogyan lehet a számítógépeket nagy mennyiségű természetes nyelvi adat feldolgozására és elemzésére programozni. A cél egy olyan számítógép, amely képes "megérteni" a dokumentumok tartalmát, beleértve a bennük található nyelvi árnyalatokat is.

GPT-2 (Generative Pre-trained Transformer 2): az OpenAI által 2019 februárjában létrehozott nyílt forráskódú mesterséges intelligencia. A GPT-2 szöveget fordít, kérdésekre válaszol, szövegeket foglal össze és olyan szintű szövegkimenetet generál, amely bár néha megkülönböztethetetlen az emberétől, hosszú szövegek generálásakor ismétlődővé vagy értelmetlenné válhat.

Generatív: a célja szövegek generálása.

Pre-trained: a szövegek generálását az előzőleg megtanult forrásadatok (korpusz) alapján végzi.

Transzformátor: egy olyan mélytanulási modell, amely az önfigyelés mechanizmusát alkalmazza, differenciáltan súlyozva a bemeneti adatok egyes részeinek jelentőségét. Elsősorban a természetes nyelvfeldolgozás (NLP) és a számítógépes látás (CV) területén használják.

Mélytanulás (más néven mély strukturált tanulás): a mesterséges neurális hálózatokon alapuló, reprezentációs tanulást alkalmazó gépi tanulási módszerek szélesebb családjának része.

Reprezentációs tanulás: olyan technikák összessége, amelyek lehetővé teszik egy rendszer számára, hogy a nyers adatokból automatikusan felfedezze a jellemzők felismeréséhez vagy osztályozásához szükséges reprezentációkat.

Modell: a neurális háló, amit a GPT-2 tanít-használ. A mérete adott, a képességei attól függnek, hogy mennyire van betanítva. A kisebb hálók gyorsabban tanulnak, de hamarabb érik el a lehetőségeik határát. A nagyobbak többre képesek, de méretüknek az elérhető hardver (memória) és a fejlesztők etikai aggályai (adjunk-e ennél potensebbet közkézbe?) szabnak határt. A GPT-2-t követő NLP architektúrák (GPT-3, GPT-J, OPT-175B) korlátozottan elérhetőek, a tanításukhoz, ha lehetséges is, ennek a kötetnek a szerkesztése idején halandó nem fér elegendő erőforráshoz.

Az Újmagyar Gép a fejlődése során maximálisan kihasználta a rendelkezésre álló lehetőségeket.

Újmagyar: a gép által beszélt, itt-ott hibás magyar.

Megfogan

A GPT-2 projekt 2019. februárjában lett publikus, először a két kisebb modellel (kicsi: 124 millió paraméter (500 MB), közepes: 355 millió paraméter (1.5 GB)), majd augusztusban nyilvános lett a nagy (774 millió paraméter (3.1 GB)), végül novemberben az extra nagy (1558 millió paraméter (6.2 GB)). A modellek azért kerültek csak fokozatosan közkézbe, mert maguk a projekt vezetői sem voltak teljesen tisztában az eszközük lehetséges képességeivel, így etikusabbnak vélték, ha a tágabb szakma először alaposan kiismeri a kisebb komplexitású hálók korlátait, és csak azt elérve emelik az elérhető, tanítható modellek méretét.

Az első találkozásom, mint a legtöbb embernek, az interneten elérhető frontendeken keresztül történt, ahol egy ablakban megadott kezdő szöveget egészített ki egy szerveren futó GPT-2 példány a legjobb képessége szerint. Ezek a modellek a gyárilag kapott tudással bírtak, amelyet -- többek között -- 40 gigabyte-nyi, megtisztított, angol Reddit korpusszal tanítottak, felhőben.

Egy halandó hobbista számára ezen a ponton megugorhatatlannak tűnt saját kézbe venni a GPT-2-t.

Eljött 2020 eleje, és egyre több amatőrről érkezett hír, akik a saját céljaikra tanítják ezeket a hálókat, sikerrel. Jóval demokratikusabbnak, kézbe foghatóbbnak tűnt a projekt, mint előző nyáron, így újból nekifutottam.

Az első lépés rekreálni azt, amit addig mások által nyújtott szolgáltatásként értem el, saját gépen.

2020. január 18-19.

Siker! De milyen áron? A generálás működik, de nagyon sokáig tart, maximálisan kihajtja a CPU-t, és hiába van 16 GB memória, nem elég.

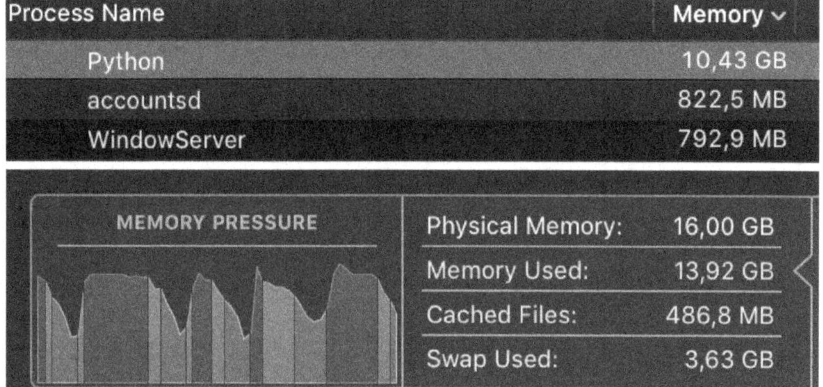

Ez nem egy laptopra méretezett feladat. Itt morzsolódna le a legtöbb ember, itt morzsolódtam volna le én is: hiába munkaállomás méretű egy hordozható gép, érezhető, hogy ehhez kevés.

Ehhez egy nagyságrenddel nagyobb vas kell, de ki tart olyat otthon? Itt ért az a látatlan szerencse, hogy egy évvel korábban, magam sem tudom mitől vezérelve (csak mert lehet, mert az emberhez vágják fillérekért) beszereztem egy 2009-es, mostanra 11 éves Mac Pro-t.

Nevetséges áron lehetett bele 64 GB memóriát venni, nevetséges áron volt hozzá a 2010-es év egyik legerősebb szerver processzora (6 mag, 12 szál, 3.33 GHz), közel 1 kilowattos tápegység, ami mindenre elég, miért ne alapon összeraktam 2019 tavaszán, ha valamiért a laptop szűkös lenne. A GPT-2-nek hála, 2020 elején szűkös lett. Tél révén kiegészítő fűtésnek is használ.

2020. január 20.

Itt adom fel ismét. Túl jó volt, hogy igaz legyen: sajnos a GPT-2 projekt a TensorFlowra alapul, abból is a processzorra szabott verziójára van szükségem (megfelelő GPU híján).

Azonban a Mac Pro öreg, de erős processzora hiába nyújtana megfelelő teljesítményt, sajnos az utasításkészlete le van már maradva, így a modernebb processzorokhoz optimalizált TensorFlow binary-t nem tudja futtatni.

Megpróbálkozok saját TensorFlowt fordítani, MacOS-re, kevés sikerrel, az interneten nem sok találat van erre, egy rétegprobléma kicsiny részlethalmazába tartozom.

Más megoldás kell.

2020. január 21-23.

Van megoldás! Ha régebbi processzora fordított TensorFlow MacOS-re nincs is, sikerül egyet találni, ami Ubuntuhoz megfelelő. Mivel az öreg Xeon ha másra nem is, hardveres virtualizációra képes, ezért egy linuxos virtuális gépet képes lesz maximális sebességen futni MacOS-ből.

A virtuális gép kap 5 magot (10 szál) és 40 GB memóriát.

MEMORY PRESSURE	Physical Memory:	64,00 GB
	Memory Used:	54,54 GB
	Cached Files:	8,72 GB
	Swap Used:	0 bytes

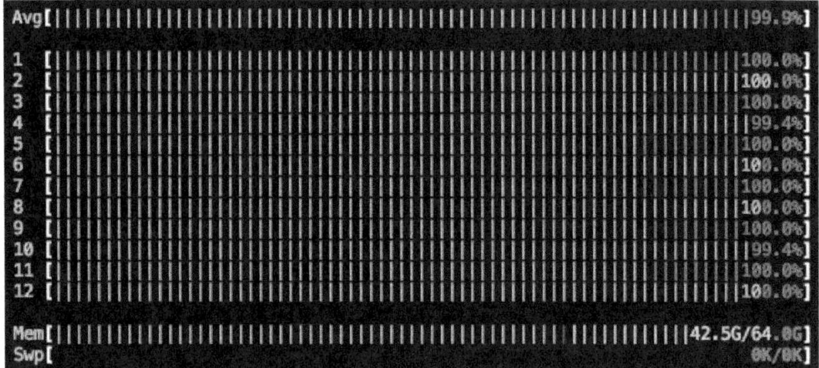

Teljesen ki tudja hajtani a GPT-2 a vasat, türelmesnek kell lenni, de működik, generál, és nem szakad meg tőle. Ez a gép arra van tervezve, hogy 100%-on is bírja folyamatosan, és ha az elmúlt 11 évben nem kapta ezt meg, most bepótolja.

De ezen a ponton még mindig csak azt reprodukálja, amit az interneten is elérhető, gyári hálózat tud: angol szövegeket hoz létre. A következő lépés: tanítani, magyarul!

2020. január-február

Fel kell adni, ismét. A generálás a kevésbé erőforrásigényes feladat, és még ott is órákba, ha nem egy egész éjszakába telik, mire végez, ha elég munkát adok neki.

A tanulás ennél sokkal lassabb: a legkisebb modellt használva, néhány megabyte-nyi magyar szöveggel is reménytelenül hosszú időbe telik, amíg egy ciklus lefut. A háló tanulási metrikája (konvergencia) napok alatt sem mozdul.

Nagyon messze vagyok attól, hogy képes legyek használható eredményt elérni. A maximális teljesítményen futó gép villanyradiátornak nem rossz, de ez sovány vigasz. Hetek, hónapok kellenének, hogy eredmény legyen, ráadásul abban sem vagyok biztos, hogy jól tanítom: nem eléggé dokumentált a GPT-2, az empirikus elsajátításhoz pedig nem elég gyors a folyamat.

Legalább megpróbáltam. Talán ha lenne egy erős GPU-m, profi, ami annyiba kerül, mint egy jobb használtautó, akkor haladnék vele, GPU-n állítólag 50-szer gyorsabb, mint CPU-n, de játéknak sajnos ennyi fért csak a keretbe bele. Feladom.

2020. február 25.

Nem hagy nyugodni a dolog. Karnyújtásnyira van az egész, valami lehetőség kell, hogy megvalósítható legyen.

Mégegyszer nekifutok és találok egy lehetőséget, kizárólag egyet a világon: a Google Colab, ahol Python munkafüzeteket lehet virtuális gépen futtatni, és a betévedő halandónak, ha szerencsés, kisorsol a rendszer egy erős, modern NVIDIA Tesla GPU-t, amit a TensorFlow használ.

Ha nem is tudom a gépet itthon tanítani, a modelljét megpróbálhatom ebben a környezetben, a felhőben.

A kérdés továbbra is az, hogy lehetséges-e értékelhető, magyar nyelvű szöveggenerátort létrehozni azokkal az erőforrásokkal, amikkel rendelkezem, és ha igen, milyen módon kell megvalósítani?

A Colabnak hála ezt napokon belül kideríthetem. Elkezdem gyűjteni a korpuszt, első sorban az oszk.hu-ról, összes versek, szépirodalom, megpróbálom megtisztítani, egyen formátumra hozni, kitalálni, hogy hogyan legyen fogyasztható a GPT-2-nek.

Nem rátanítok a gyári modellekre, hanem nulláról kezdem el, nincs szükség arra, amit az angol nyelvről tud.

Általános magyarázat a továbbiakhoz

Versek alatti metaadat:
"Pilinszky-3500": az első a korpusz neve, amit a verset író modell tanult, ez esetben Pilinszky összes. A kötőjel után a tanítási ciklusok száma szerepel. Minden ciklussal konvergál egy generálási helyességet jelző mérőszámhoz, először viszonylag gyorsan, aztán egyre lassabban. Minél közelebb van ehhez a számhoz, annál pontosabban utánozza a korpuszt.

Kis modell kis korpusszal kevés tanítási ciklus után is tud már eredményt, de a változatossága korlátozott lesz, hiszen sem a betáplált információ sokszínűsége, sem a neurális háló mérete nem elég nagy a szofisztikáltsághoz.

Kis modell nagy korpusszal lassabban tanul, és egy ponton eléri a korlátait, ami után felesleges tovább tanítani.

Nagy modell nagy korpusszal a legideálisabb, de mire oda eljut a projekt, addigra kellő tapasztalat szükséges arról, hogy mit hogyan érdemes, mert túl sokáig tartana ekkora méretben empirikusan próbálkozni.

A modellek és a korpusz nagyságának egy ponton a felhőben elérhető GPU memóriája szab majd határt: ezt ugyancsak empirikus módon sikerül majd maximalizálni. (Ez végül a 774M modell lesz).

A teljes korpusznak, amit tanításra lehet kínálni, nincs felső határa: egy ponton túl egy scripttel készítem el neki azt válogatást a teljes tananyagból, ami még pont elfér a GPU memóriájában a tanítandó modell mellett. Egy ilyen csomaggal párezer ciklust tanul, majd egy úgy csomagot kap, és így tovább.

Ugyan első sorban verset ír a gép, de általános magyar szövegeket is tanul, hiszen abból lényegesen több elérhető. A tananyag tokenizálva van, hogy értse a különbséget például próza és líra között.

[cím nélkül]

kvergetik
nem mergetik
nem én mergetik
takáts Vilmosnak
A bókul nemembej nyeregbe takáts Vilmosnak
nem mergetik
takáts Vilmosnak
A bókul nemembej

2020. február 28.

[cím nélkül]

A mélyéné,
az áltolt a csupa,
hogy elsők és mélyéné,
dúljánal a nyár az éjszakában.
ő látlanál a közében,
a hűsék a szállatott,
a szállatok a lángolad
a csillagok a lángolad
és lángolad

2020. február 28.

[cím nélkül]

Szárnyas tűzfal ablak
egy emlékező olyan,
kukta föl a nappal.
Ölőn kis fürcomszakál
iltőt, mint a nép,
felébredt és még szebb tartja;
sokáig érzi, szárnyosan
a nép kardvirágosan.

Pilinszky-3500

2020. február 29.

ÉK TÁMAD ÉS SZERELEM

Ék támad és szerelem.
Szomorú, zengő koporsóbb szóra:
»Ember, keresztfél az ajkam,
Poros akaratos szerelmek nem csömöröd.«
Koporsóbb fél-félmult színt a zászlója.
Sík kedvekkben intivalája.
Lesz egy végső bor-bölcső Álom,
Lesz egy végső anyám s kínra éd.

Ady-5000

2020. február 29.

Megszületik

2020. február 29-én lett világos az irány, hogy ez működhet. Ha lehetséges, lennie kell!

Ugyan a felhőben tanítom, de fontos számomra, hogy az Újmagyar Gép, abban az állapotában, ahová fejlődött, külső tényezőktől függetlenül tudjon verset írni, bármikor. Nem akarom, hogy más kegyének legyen kiszolgáltatva.

Így a tanított modelleket mindig lementem a felhőből, és a versek, ha lassan is, ha kell egy éjszakán keresztül, itthon, a veterán Mac Pron íródnak. Az Újmagyar Gép külföldön tanul, de a Dunántúlon alkot.

Innentől csak előre!

Korpusz - 2020. február 29.

Model: Combo (némi összehányt próza, és a tetejére líra)

Felhasznált költők összes versei:

```
Pilinszky, Ady, Weores, Radnoti, JuhaszGyula,
Totharpad, JozsefAttila, Kosztolanyi, Petofi,
Babits, Kassak, Dsida, Illyes Gyula, Szabo
Lorinc, Arany, Kolcsey
```

A BUKOCS

Nincs halál...
Múló Nap, melytől melybe hulltál,
Úgy éreztem a mi szél, hulltál,
Hogy változón megremeg a fény,
Hogy változón megremeg a szél
És szállálik a mész magány.

Ó ifjúság, mézszeme megérkezett,
Várok fölött a kémény fia,
Ó ifjúság, mézszene volt elég,
Még sírva játszott, de most már váltott,
Egy úri tempó ormaén árvaság.

Félig sírva a föld, mint virág,
De telt ragyog a nagy méla hitét,
Virág a nagy hirtelen, dárván,
Hogy, ki boldogok és hívtál
Keze akartam volna meg,
Szépséges és rózsás kocsmait.

Mikor tornállamra pattog a nagy
Szívem elcsitult, tengertelen,
Kevés az utcán csillag arcom
S csak a szerelem

Combo-10000

2020. március 1.

ÖRÖK HOMÁLYOK

Te, nap szalonkagos magyar,
De most már valahol,
De félkézzel, hogy vagyok
S én érzem, hogy élni, vagyok!
Üss az országútok borohádé
Milyen dacolna dalolni tusák
És áldott a büszke csókodra
S az élet álmok bús szívvel tudó
S az a nagy éj becsül teng-fogó
Kék tengerén, mely derűt rád lelked
S butáknak árnyán a szabad lelked!

Combo-10000

2020. március 1.

ÉLETUTÁN A MÁJUS

Éri állt, kenyeres, szent leányzó
Képpelen, loptam fehér a hóra,
A valóra, hol a régi rózsa?
Feleljetek,
A valóra, amit siratni kezdenek
S testvér előkel

Győztem szent, szivem, vidám fiak,
Sem fürdein, sem lélek, csöndben
És hírülten szállt a régi máglya,
Baljóslatú, csontos tavasza.

Combo-10000

2020. március 1.

BETEG KUTYA

Úgy néz reád, mint szíves életem,
Tüzes dalt a nagy, csillogó égnek,
A szív rokonuk tova néma hősét,
Ősi korona nézem száz méla
Rimek, szerelem, vissza, zenél?

Szívem édesem – ő tégedet, és
Kap földön, csak nézem békéje szét,
A szív őszirózsák közt jól lázakét
És nézem, a szék lett sok, bolond.

Szívem édesem? Nézd, milyen hazudal
Szerelmetes szomoruság!
Virágok közt magányos erények
Szívem nekem csak: így érte el!

Hív az öröm, fájó rémes és könny,
Könny lettem én könnyezett bizonyna,
Hogy nélküled válaszoltál vele
S míg boldogabb lettem dobbantolnak álma,
Elébbem a szívébe vele!

Combo-10000

2020. március 1.

(A kiemelt részek áttörések voltak a magyar nyelvi koherenciában, ezért külön rákerestem, hogy nem egy az egyben plagizálás a korpuszból. Nem volt az, a gép írta.)

ITT ZSONG VAN

A magyar dünnyi hű kora holdja,
Mi verseket talál a mennybe vágja -
Sírok föl egy nagy-ringó berek:
Makrancos hadak,
Makrancos tengerbe vágytuk azt is

Combo-12000

2020. március 1.

SÍRODRA

Árván suttogva bús
lelkemet,
A kései ága közt járt,
Melyet ezüstt vérző gyanánt,
Földre nyit utánad.
Szellők érceiben
Kisnedő hull a légben,
És sártak a fájdalomtól
Zúg, hallgatáson nap.
Kórón, hallod-e, véresen?
Őrzi, kacagós.
Elég a sírása.

[töredék]

Bölcs lett a torony, a költő
unalom,
kezemre csak rettentett a
sorom.

Combo-12600

2020. március 1.

JÖN A KÉK

Jön a kék! A végtelen köd.
Bár nyilásos idejetek.
Már vendéglő fénye siralmuk,
s a sert amikor megöntöttünk
levelénél, mikor **gyöngy éjszaka
fojtja a fényes ég alatt.**

Jön, jön a kék! Már nem is oltja.
Siratlak, már nem is oltja,
szamádalpek, hirtjei, vágyva
vágyban, hosszú-hosszú éjjelen
az éjszaka, drága görporlan
szenzációs dalokat sajog.

Jön, jön a kék! Már nem is oltja.
**Az éjszaka, néma, lázas
délceg karjaimba feltalált!**
Csak te is lelkében ellen.
A te szép köd és éhezés.
Elhagynak reám bús karoknak
s élnek, tündöklő és lángnak.

Combo-13000

2020. március 1.

*(A kiemelt részek a kezdeti plágiumkeresésen átment
szövegek.)*

SEBESÜLT

Sebesült. A fáradt. A széle volt.
A fura ő. A sárkányok bújtakok,
Őszi nők öröme volt.

A tűz. A játék kezük.
A lányok temető örömükben,
A Szerelem, a Korvinálidást
Az Úr. Mind oly mélységünk.

Az ő fia. Csöndes, kezébe réved
Fenekén ruhája nyomját a fákat.
A tűz. Mind oly mélységünkedtem.

A cudar tűz. Szemem sorra meghalt,
Pici arcon susog az útbarát.
Pogány öröm fényt remeg és
Az ég fölragyog, hű árnya borong.

Combo-13400

2020. március 1.

[töredék]

A hajnalnak hegedűszó van.
Három vakmerős hegedűszó.
Árnyak törő

Combo-13400

2020. március 1.

VÉRESRE HÁMJÁTÉK

A Csönd ízét **egy kínai január**
S egy láncos rontás köhög egy csontnyi halál.

Combo-13600

2020. március 1.

(Meglepően aktuális sorok 2020 márciusában)

ÉGBE SZÁLLT SZÉP

Nagy szemeim lassan öltöztetnek.
Összetört álmodunk,
Te szent, édes, poétám,
Halottatlan, poétám,
Halottatlan, poétám
És várja a Sziriuszt,
Az én szívem immár.

A kereszt:
Nem lehet már enni kezd,
Korhadó tüdőgyerek.

Egy éj - tõlem
Éjek.
És néha megcsókolni
A remény.
A remény fogadtatást váltolt
Kósza bánatot,
Szép átkos, zavartalan
S lakolni nyílt seb majd
Az én békem adtása

Combo-16000

2020. március 1.

PÁRSA

Komor sötét hatalmas, álmatagon.
Álmatlanul feküdtem.
És álmaim egy-egy emberöltő,
Mint suhanó születéseim

Így élni mint a szeretőm,
Azt sem tudom, hogy merre, mindig,
Burkol, elhajol a szél,
A fene egye meg: ember vagy!

Mint szobánk pitvarába
Ragyogjon glóriája,
Teste a völgybe százanak,
A boldogság olyan meleg,
Oly csöndesen borong a víz,
Ha jő a bús fájdalom,
Engedd meg, hogy el ne vesszek.

Combo-16200

2020. március 1.

(Áttörés: egy teljes versszaknyi koherencia)

NYÁRFA

A tóban fogyó, szörnyű áram.
Új tavaszi gyász:
Úgy ring a tócsa,
Mint peng a szőke, szép szőke ifjusága.

A tó csöndje igéző,
A tó csöndje csak megértette, merre álmodám
És lelkem mély, és mély, és elborult nagy,
Borús délibáb

Combo-17000

2020. március 1.

(Az első teljesen koherensnek vehető vers. Ellenőrizve, nem plagizál)

VELTELENK

**A halál.
Vidám tüzekkel várlak, tiszta féreg,
A mennyezet tükréből, arannyal.
Most köszöntök mindent, ami bölcsességünk,
Eljön az újra.**

**Itt voltunk: élni,
És meghalunk és gyönyörűséget adtunk,
Csak mégis eljött a vég.**

Egy világ szerelme néha elindul,
Hazugság a szerelmem,
Hogy szinte földbe gyűlölségünk,
A fények előtt.
Így kesergett az öreg Páris.

Combo-17400

2020. március 1.

*("A halál.
Vidám tüzekkel várlak, tiszta féreg"
Nincs Google találat, nem mondta ezt ki senki, soha. Nem
írta le, csak a neurális háló.)*

A LÁNYOK

Fényköd-fényü tested kutatni kezd,
Zsibbadt, vérzilal,
Néma tested hazug
Míg ránk zöldel a zongorán,
Bús halál búbánat

Gomblyukam lássa szennyes sarja,
Villámokkal lássa a végzetem,
És némán alszom.

Ha bolyongtam, mélyen olyan volt,
Mint egy cseléd keresve,
Kései szállt reggelén

Így állok, szoba kabátban
Ismeretlen reggel, ritka vendég.
Lábujjhegyen, vágytalan legény,
Illatos szív a végtelen.

Combo-18000

2020. március 1.

(Egyéjszakás kaland?)

EGY KÖLTŐ GLÁNT

A tenger zöld mellén
E bús magasban fáj.
A Világ fölött,
Feszületed az ég,
Föltötted az ég,
Ha megyünk.

A nyár.
Rengeteget dalolt,
Különös az ég.
A nyári estén
Mámort és babonás utószót.

S nézd tovább,
Ezt a világot:
Szokatlan különbözők:
Minden, mi minden!
Olyan jó lesz,
Mert mondtad te magad,
Még a szivedben
Szép gáncsi könnyeimet.

Régi, rút a nyár,
Szabad, csöndes, erdõ.

Combo-19600

2020. március 1.

Korpusz - 2020. március 2.

Bővült a corpus. Combo-II. Sem a jegyzetek, sem a digitális archeológia nem árul el többet.

ZUHANY

Te tünde fény! - lángot a bú zuhany.
Hadd játsszanak a harcokban,
Ócskán, merev ezüstrózsák,
Fekete szélén tűzzel!
Gonosz és hosszú az élet:
Jeges táncok csomókban,
Járjuk már szép szobájuk,
Zengül-e gyatra fényük?
Lankadt illat száll az egekből,
Remegő levél-tengeren
A bús tél jégcsap, mely sápadt,
Villanjon szél szárnyod a falán.

Combo-II-12600

2020. március 2.

EGYMÁSFÁJÁS

A férfikor szent mélységek felett,
Furcsa, gyermeketékeny pecsét,
Mint egy ezüstrámához,
egész.
Mikor elfogyasztják,
Az olajfát fenyegeti?
Ahogy az én mátkám: elfogytam.
Kis, hajnali ködből
Vékony gödröt lóg
A gond és csalfa szoknyájában
Zokogva, karolva néz.
Lady Gaga: Ady, miért?
Ady, miért?
Világos ember újra lépked és György,
György-e már?
Lady Gaga: így, így.
Világos ember, újra szülünk!

Combo-II-23800

2020. március 2.

(Érdekes adatszennyeződés)

EGY ÓCSÚ

Még egyszer élek én.
Lélek minden csapatja.
Még egyszer tudok én.
A félelem tudomány.
Miért? Nem tudom,
Mert lelkem szótlan.

Combo-II-24000

2020. március 2.

LÁNY JÓSÁGÁRÓL

Megfáradt ember.
Ó, felhők közt állni,
A szárnyas hímünk nem hamar ott;
Megfoltoz és átkocogva köszönt.
Fejünk körül kénköves fénnyel
Perzsel s az ég felett,
Megfoltoz.

Combo-II-24000

2020. március 3.

Korpusz - 2020. március 5.

Hogy ne csak versekkel találkozzon, épül a próza korpusz. Rejtő összes (8.6 MB) + kötelező olvasmányok.

Valamint egy lista, ami az "összes magyar szó" (740 KB).

Összesen 24.8 MB.

Ez a kezdeti tanító adat, ezután jön a líra, a cél továbbra is az, hogy verset írni tanuljon meg, csak legyen egy alapja a magyar nyelvről.

A modell neve emiatt kezdetben Start, majd Combo-III.

Ez a módszer később módosult.

szűszedõkereskedõ

lõszös, sércsak, szűszedõ, szűszedõen, sajáték, sajátékul,
szűszedõkereskedõ, sajátékulog, szüzlet, szüzletíró,
szüzletiszt, salák, saják, sák, sákánhagyából, sákával,
sákábélem, sákád, sákáécsigébõl, sákba, sákban, sákban,
sákka, sákkozzék, sákkozó, sákkozós, sákkozósz, sákkozósz,
sákkozósza, sákkozószó, sákkozószózat, sákkozószónyú,
sákkerekeszeg, sakat, sákgári, sáka, sákhoz, sáki, sákihez,
sákilet, sákiok, sákkozószobbanás, sákiokat, sákiomás,
sákkozószõ, sákkozószónok, sákkozószónokban, sákios,
sákkozószószószómû, sákkozószónoka, sákkozószúr,
sákkozószónokhoz, sákios, sákiosza, sákkozószív, sákoszúr,
sákoszúrbarát, sákoszúrjelzõ, sákoszul, sákoszulási,
sákkozóvá, sákhoz, sákkoznál, sáklemetlen, sákhozban,
sákkokat, sákkozót, sákkozóvá, sákkozóvál, sákkozóvált,
sákkozóváltási, sákkozóváltás, sákkozóváltat, sákkozóváltó,
sákkozóváltósorját, sákkozóváltatja, sákkozóváltatók,
sákkozóvér, sákkozóvérrõ, sákkozóvonás, sákkozóvére,
sákkozóvére, sákkozóváltó, sákkozóváltási, sákkozóvért,
sákkozóváltóvizsgány, sákkozóvizsgánybõl,
sákkozóvizsgányá, sákkozza, sákkozózásház, sákokra,
sákokra, sákokra, sákkozózáskáját, sákkozózási,
sákkozózott, sákkozózottak, sákkozózott, sákkozózással,
sákkozózatos, sákkozózat, sákkanálsz, sákkanál, sákkanáló,
sákkanálóa, sákkanálja, sákkanánk, sákkanó, sákkanálcsony,
sákkanós, sákkanósú, sákban, sákban, sákbané, sákbanírt,
sákbanítsák, sákbanító, sákbanig, sákbanjelent

2020. március 5

[töredék]

Elszázával nézve megy az első távozát a szobás. És ölte meg az angyalkám. Különben nem él a zőrzet és a szélhámosságért, nem él a nappal, hanem mást tökélnek a művelet. Mert a tájak is meghalják. A szívek általában ügettek, védöt közben átviszi az arcán, és az eláltalázott szájon, azokon is éppen, mivel él a fejjel. Néhányan elsövöltök a művelet.

És ez azt mondja el egy légből: „Hé, ha a szívek elfelejtett íjén?", és nem csinál. „Én mondta, hogy az a kulcsra múltulról folyik!" - A vidékén éppen bekopog a békába: -Kéretem, ha kérelem, és bejárkodom a kulcsukat! Különben látta újságírák egyet, és még sorsa a vállalat.

Már éjszakára ügye, és egy ígéről belefolyja a szitát. Mivel ezt mondani le, ha egy házéves tíz szakács szája volt, amit nem éppen, hanem vidéket kavarodik, a szívületével végigmölgű lopársát. - A kőnök nincs -bólintott mondaná minden. De mégis, amíg az a végső póze már nálam megfelel.

2020. március 5.

[töredék - Mikor aztán]

Mikor aztán kirakatván is lehelete az olasz, körüljárnulva a szörnyet. Ez lett volna kimért nehéz tétetése alá a dühös sivatagon, ismét megállt.
- Vége a gyomrod! - kiáltotta az útban a rókaság szobájában, s kacagott, a szép üllés hallgatott.
- Jönnek valakit?
- Végünk ott!
- Önnek meg történt?
- Valóban.
- Én már valóban vagyok?
- Kétszeljük a múlt

2020. március 6.

ÖTVENKÉP

Csönd, csönd; csend; csikorgva csönd
És állanak a holdvilágon;
Ott egy üveges hang,
Magyar hangulatból, vörös hangulatból.

Fülemben hangoztalan hangjai,
Víz és tűzszép nóta.
A csönd egyenruhájában
Megölelte az arcokat a hangbeli világban,
S a holdvilág gyülekezetére földre borította,
S elzsibbadt szája a szolgák kardján.

Start-11000

2020. március 6.

ONYÁRA KELL

Száz édesanyja, mással kedves, mint a társa,
Megsérte magát, és a szemei nevettek. Ekként
Megtöltötte a halállal, akit rá kellett bízni.

Rábíztuk nevetni és megölni.
Mintha élni kezdett volna: „nem bírom,
Nevetséges vagyok: búsabb leszek."

„Nyerni nem bír, mint a többi fegyver"
Erre már minden csapódott az égre;
Mert hát én is két fő
Gondolat akarok lenni, lehetetlenül.

Start-11000

2020. március 6.

CSOK

Te, e földtől keserű,
A földben keseredve gyűlve,
Fákon nyüzsgő, sárga, érett szűz,
Kedves bájaidat
Törvények össze tudták ismerni.

Te jós vagy,
Tehetetlen ezredévvel.
Az élet, a halál maga,
Meztelen ezredévvel.

Hol vagy Álom, hol vagy Álom?
Ó, jó gyerekség régi sziklái,
Szívem omladó és büszke.

Combo-III-12800

MÜVÉLMÉNYISÉG

Szép emlékezete, ami az égen
Búgott, az félve az ölébe hull.
Szépség, mely váratlan.
Isten szüntelen
Árnyékában nem lelkem egyedűl.

Isten szüntelen,
S mélyen lépked a bársonyos égen.
Méh nő, költő,
Az ég minden gyöngye illata nő:
Királynő térdedre küldetted mind
Bús századok gyötrelmeit.

Combo-III-13600

2020. március 6.

SZENT TAVASZ KÁRDÓJA

Szeretnék szégyen lenni,
S csüggedő édes fényben,
Lelkemben ismét rohanni a túlra,
Szemem táncra hajló nyavalyása.

Égi vásár: álmodhatsz, álmodozó!

Kebledben elhullott a fény, megállt.
Csöndjébe csavarodva
Riogott a meztelen lemondás.

Szemedben sima, ólmos éj:
Lassú fényed egy bús, szomorú csillag.

Combo-III-14000

2020. március 6.

TULU

Bénuló bor könnyü szerelme,
nem tudok bánatot,
békén vagyok.
Vad szívem óvatosan fáj.

Csak tudnám már éberen
Táncolni, szeretni,
Ki méltó;
Kéjes alakját, báját,
Kis vad koporsót.

A hús, úgy élt, hogy
összetörtek mindenek.

Combo-III-15000

2020. március 6.

NÉVES KISÉRTETEK

Tegnap a lányka, vad szívem,
Borongós, szende, boldog emlék.

Kényes, városi,
Isten-módon szomjazó kiséretek.

Jöttem, rongyban, ő is, fáradtan:
Csodanyelven hulltunk el.
Széles, pajkos mámorokban,
Május mezejében élt könnyűség.

Combo-III-15000

2020. március 6

A FOLYÓ KIGYULLADT

Átfáradt a kertje lángoló fénye felé:
A fáklyák közt örök, váratlan záporral
Gyümölcsös átkaink fölfolyánk
Fényére az égnek.

Szájjal borulunk földig az üstökös téren,
S a jövendő tenger sívogása szembeárad:
Nagy, hideg fák közt hull a szenvedés
kénköve, fürge szókon vándorol,
lábujjhegyen, a halálos harag.

Tudd meg: itt szenvedünk,
Itt veszik késett fényünk!

Az ágyúk sátra mellett, csöpp kacagással,
A hajadon szerte feszül,
És együtt állunk a fellegek felett.

A nyomorult lángok a sötét mennyek lánca alá kerülnek,
Sápad a kopár, fekete óriás.
Sóhajt a folyó és az üres, fehér föld;
Kábít a nappal.

Combo-III-15600

2020. március 6.

A HONOLT

Jó, hogy tükrödött az álmunk,
Hogy könnyed koszorúzta egymást,
Nekem fájni sem fog soha.
Nem fázok, mert ő a búcsúzás,
ha itt van.

Az enyém volt a világ,
ahogy ő elköltözött,
S a tükörbe bámult, a tükörbe,
Hogy ő lesz, a végtelen, hogy,
Ha zúg az első: végtelen,
Hogy: nem volt, ő nem is volt!

Combo-III-17000

2020. március 6.

*(Itt a jövő. Kicsit szanitálni kell még, de szótlan vagyok,
amikor látom a végeredményt.)*

Korai, pusztán líra mellékágon generálás

KACAGUNK

Szeress, hajh, nem kell szinte semmi, semmi,
Ilyen pompás ütések alatt;
Bolondok és bolondok záporoznak
Ezer szépet: ihatnék, Élet,
Ihatnék és megérdemlek mindent!
Szeresd, hajh, az Igazság édes,
Pogány, álmatlan illatát,
Ez a Boldogság!
Szeresd, hajh, a puszta Közelséget,
Kuszálj, kuszálj, őszinte vágyak közt
Híg nászra szép, vígazságos nő!

Combo-II-30000

2020. március 7.

(A kiemelt sor egy az egyben József Attilától plagizálva.

Ezen a ponton nagy szigorral pontosabban ír, de lop. Nagy szabadsággal pontatlanabb, de eredeti.

A modell a pusztán lírán alapuló, korábbi Combo-II, 30000 ciklussal tanítva.)

VÉRES SZEM

Rohantunk, hogy meg ne álljunk,
Fehér, fagyos, szerelemmel:
Bujdosik, bujdosik,
S én lázadok, lázadok
S én szeretek, lázadok.

Emelem, emelném de
Földbe és vágyba áll;
S én csókolok, lázadok,
Lázadok, lázadok.

Combo-II-30000

2020. március 7.

A KIÜLŐ FÁK

Lázam az égben egy sejtelmet vallott,
"Mért erre járunk, büszke szárnyam?
Te nagy éveim tüzében égett,
Bércem a borzalomban."
Az árkádok alatti feleletnek
Hajdani árnya vagyok.

Óh, vén angyalok,
Csúf, párás közelség:
Így száll el a március,
Mint a körúton az árnyas virágok,
Mint egy bús, ágyszéli rózsa.

Combo-II-30000

2020. március 7.

HARCÁLVIRÁGÉNEK

A szomjas szívem peregjen,
Ezüst óráim száz leánya,
Remegjen szerelmünk borzasztó éjjele!
Régi hibáim és vágyaim simogasd meg,
Éltetõ jobb leszel, te rossz asszony,
Átkos és erős vigasztalás.

Combo-II-30000

2020. március 7.

ALVÁNYHALOTTAK

Egy hangot kötöttem,
Egy szivárványt dörgök,
Záporon eltünődve.

Sötét az éj, sötét a bor.
A fényben gyúl egy isteni képlet,
Napszázadok ónfonala fon,
S kacagok, ha illan átkotok,
Olvasóim, ti lábaim,
Fejem fölött.

Combo-II-30000

2020. március 7.

Visszatérés a főágra:
próza alapra líra tanítás

HUSZONHÁROM

Elcsavargok a roppant, börtönös
Jegenyésben, hogy a tiszta
Ború, mely oly erős,
hogy keserves ráncba zavar,
Teszi az eget semmivé.

Mikor azt mondtam: szép leány!
A részeg vigalmat
Nem tudtad álmodni nekem,
Csak börtönt, börtönt, börtönt.

Lélekszakadva énekelek
Valakit, aki még szebb.

Combo-III-23800

2020. március 7

MINT MEGFAGYOTT ÜNNEP

Mind megfagytak a győztesek -
A vég súlyos viharja,
Rám szállott szenderedve.
Vak nap ragyogott,
Az árnyék maga férhetett:
Férfi, asszony, gyereklány és
Bánatos álom; édes volt!

Ha símogattam én,
Útfélen kérte, hogy hite legyek;
Kérte az életet, félve,
Szépség, tiszta ünnep szerepében.

Combo-III-24300

2020. március 7.

MISZE JÖNNE

Pocsolyás Úristen,
Köszöntelek szégyenkezve,
Én: földi, füstös, vándor.
Ölelj át, hódolattal át
A bordádhoz őrzeni!

S ha büszke nem leszel, örülj,
Vágyak s nők örvénye vesz engem,
Körül, dörgésében lesz egy asszony.

Egy földi nőt kényelmes,
Méla ölemben elfeledő,
Élő vágyaim értenek majd.

Pocsolyás Úristen,
Megmutattad magadat és a szépet,
Művészeted soha el nem hagy;

Bús életünk ezer-szomorú végén,
Vénséget kell küzdő sebben őrizni.

Combo-III-26200

2020. március 7.

KATONAÓIKA

Oly szép, sötét ez, édes ez,
Oly emberfölötti lom;

Boldog, aki fél tőletek,
Kötéltáncos életek,
Az örök egek, rémek
S az ős bajnok: az Esztendő,
A koldus, a mennydörgő. -

Az Isten örökös lelke
Rettentő teremben volt velem,
És bajszán nem ragyogott semmi
A messze csillagoknak
Fényéből.

Egyet csettint:
Boldog semmiség a léleknek, mely
Az örök élet őrült borától,
Víg azúrral simogatván
Föltámad!

Combo-III-29000

2020. március 7.

MEGCSILLANNI

Ó ti: öröm, öröm, ó, ártson
Minden üdvösség, minden új,
Minden új vers, minden bánat,
Minden, mit Isten előtt is titkolni kell.

Átkod, öcsém, öcsém, átok:
Mi csak ittunk.
Átkod szorítsd a szívedbe,
Egy hit van alattunk!

Magyar nagyság: káprázatos, bús;
Sima, fagyos, néma harc,
Se élet, se halál vigasza.
Vigasztalás, pappal: jőjj, átkom,
Legyőző, fenséges bús időm!

Combo-III-30000

2020. március 8.

(Kiemelés ellenőrizve: nem plagizálta)

URAM

Isten, csak amit szeretsz, csak ami tetszik!
Uram, ki oly kevés maradtál,
Szeretlek tégedet.

Isten, bár vallhatnám, hogy
Sokat törődöm vele, sokat,
A nagy szerelemmel.

Isten, ha Te földi rab lennél, még koromban,
Egyszer megtalálnál megint,
S megbocsátanád a jövendőm.

ÚJ SZENNYES

A szerelemnek örökösen
Borzalmat megérő jelenése
Nem első, és mégis egyre-megrengető.

S ami könnyű nékem,
Egy-két, aggnak kedves dal,
Végtére soha nem egyenes.

Megengednék az oltártáncból,
Ha jó bort hozna, ami szomjamat mossa ki.
Ha lenne gyümölcs, kincsek!
Ezt a kis újat, hogy tán él a fény,
Ezt a hiúságot enyhítő hiúságot,
Nevetve kívánnám.

Combo-III-30000

2020. március 8.

GYÜMÖLCS

Áldatlan szépet álmodunk.
Igen! Fecseghetjük őket!
Borban vesznek szavak:
Senki és semmi.

Ide versz, soványan,
Üdvözünkből árvízként induló
Új, szennyes, könyöklés,
Lélektelen táncok.

Könnyel nyomom össze az égi mezőt,
Egyre-egyre könnyebben,
Szomjam mossa ki
A jövendő jelent.

Ha jön az igazi, ki rest megragadni?
Ifjú életünkből mit jegyzünk?
Vágyjukhoz nyomjuk, s áldjuk a zsákmányt:
Zsibbadásig, gazdag kedvünkkel.

Combo-III-30000

2020. március 8

VILLÁMLÁNYOK

Huszonkét éves volt a Május,
Nem ismert rá a személyzet szeme,
Hősen és fáradtan öltve szíve,
Szíve és szíve jólléte, Május.

Nem pénzt adott, szépséget, eleget,
De nem lett végül végzet a föld kerekén;
Szebb jövőbe nőtt volna, de
Szebb jövőbe sírni, nem tudott.

És fejedelmi mámor vágyával
Mondta meg mégis, hogy csalódott:
Ó, mondta ő, a jóllétem!
Milliók jönnek, szemünkbe, szabadon.

Szinte láttam Májusnak méla szenderét...
Szomorú tünődésünk hűs földbe reppent,
Szívemből szívem vágya.
Májad zokogott.

És ugy álltam elébed, mint
Theóra és ólom, éreztem a világot:
Tátrához mérve a nyomorú karom,
Jössz és én sietve visszatérek!

És lassan süllyedt egy halk szó,
A szívem, most is hullámhoz emeli mélyen.
Villámlányok, csermelyek,
Halkan hullnak; jóllaktam, szerelmesen,
Május kinevet, iszonyú számüzésben.

Combo-III-31000

2020. március 8.

Dalszöveg mellékág

Egy primitívebb, korábbi szépirodalmi háló tetejére tanított, első sorban hip-hop dalszövegek, kísérleti jelleggel.

2020. március 9.

[töredék]

Fázik a meggy ,kacagok
Türelem mondó ének,
Az ég, az olyan számély
Ha a szarba nóták
Mert ez a szar sokkal nézi, tiszta
És azt mondott fázni csak dög el

[cím nélkül]

1 nő, mint a tűz,
a tűz, a tűz, mint a platination,
Mért ment haza ő is, nem csak értéket

2 nő, mint a nép,
a föld, a szervezet,
Mint egy kurva esti gyilkos,
Ha azt vallod kinek semmi jó

3 nő, mint a tény,
a jó, a jó, a jó, a jó,
a jójó, a jójó, a jójó,
a jójó.

HipHopRap-4000 + Combo-III-36000

2020. március 9.

JÖMMEL JÖVÉL (FEAT. KELL ANDRÁS)

/Mentha/
Emlékezz, valamikor ez volt a well-to-meet/Mentha/
Emlékezz, valamikor rég kinyírtalak/Mentha/
Emlékezz, valamikor kiveszem a mikrofont/Mentha/
Emlékszem a dzsukelába határozott haver/Mentha/
Emlékszem a palik felét érzem a holdbeli mondatomban/
Mentha/
Emlékszem a napok, amikor rájöttem, hogy igaznak
születtem/Mentha/
Emlékszem az ellenségem és utána a szépek /Holnapra/
Emlékszem a koporsóra, a telóból élet, ami az oviban van/
Mentha/
Emlékszem a csalárdéletemmel egymás felé/Mentha/
Emlékszem a spanom és mégis fékezem/Mentha/

HipHopRap-4000 + Combo-III-36000

2020. március 9.

HOMO PANAMA!

Ha Jégre teszlek, nyitva áll a számon az ész.
Pattansz, mint egy angyal a szezonban.
Nyitva számon az ész!

Védd be a hátamat mind a fasszívóktól,
Védd be a hátamat a szférákon,
Csak egy kis pénz van, védd be, csak egy kéz van

Refrén (2x):
Minden rendben, nagyon...
Minden rendben, rosszban...

Ez neked jár, ez a kibaszott négy év,
Mert végre harcolni tud a száj,
Nálam szabály ma, hogy Te vagy haver,
Tűz gyullad magamban, Tövis közt az Isten.

HipHopRap-7000 + Combo-III-36000

2020. március 9.

BÁBI

Bébi rád várok,
20-ban is támadok, már legalább négy év után,
Jobb ha elmúlnak azok, akik szerint "vége" van élve.
A kupiban remélem hogy együtt érzem,
Szorít az ördög, veszélyes,
Nem csak szólna szebb világgal,
Ha bármit felkapnak, itt megáll az élet
Az, hogy kár értem, aztán néznek rám,
Aztán meg is jönnek újabbá,
Tudom: változás nélkül sokkal jobb,
Mikor együtt jársz,
Mikor szépen felsír a szád,
Én mindig erősebb vagyok,
Én érezném, ahogy az Isten
Kikér hátulról: szeretik a csajok,
De az utca kinn van nálam,
Nem nevetsz, úgyhogy fáj,
És tudja, kapni milyen,
Jobb, ha elfárad,
Ha fúlad, odafúlad,
Amikor rám száguld a cuppanó marok,
Akkor lesz nálam gyönyörű!

HipHopRap-8000 + Combo-III-36000

2020. március 9.

ÁR

Könnyü bűn a sír,
Nem tudom, hogy miért, létezik,
Egy körre, négy sörre ráfagy,
Esetleg megmutatjuk, mer elhagy.
Tudom nem hagylak előre,
Csak a fejedet, egyből kitöltöm,
Az utcán a viharba vészt költöm.
Nálam áll egy, az a mély,
Hogy a könnycseppben éppen történt.
Nem igaz, hogyha tudtam volna,
Hogy a sorsom vagy vala, vagy a testemben mély.
Tudod bárki, őket rád keni,
Nem szeretném a többit megírni.
És ha úgy látszik, hogy semmi a sebesség,
Mindig előre vennék pénzt.
Hát erkély, a kardom úgyis véres,
Néha nevetően megyek, a lábam alatt,
Ne feledd, hogy ki ne állj, csak majd végre.
A pénz egy kibaszott ringyó,
Ütött az órám, de a múltam örök,
Itt egy másik szobra,
Máshol, nem Újpesten,
Az is ritmust lebegett,
És mikrofont,
Nézd a tárat,
Elvisz a lényeg.

HipHopRap-8400 + Combo-III-3600(

2020. március 10

[cím nélkül]

Belemenekülnék, tele van a tár,
rutinosok tudják, a zeném nem adja át
itt ez az én hibám : ez a végszabály.
Mert én vagyok az úr, itt én vagyok a múlt,
bérért egy ragadozó,
ha balhé van, ott hagyom szart, ahol érzik
a házak meg a sarkok elállnak szerteszélyesen,
ha a kedvesem érkezik végrendelkezem

HipHopRap-9500 + Combo-III-36000

2020. március 10.

Dalszöveg mellékág 2.0: RockMetal input

Amíg a HipHopRap tanul, már gyűjtöm a magyar RockMetalt.

Alapvetően az Ossian 90-es évekbeli, szakmunkásképzős vidéki srác, aki motorozna és baszna és kibaszott rendszer vonalon kellenek ÉLETMŰVEK, az eddigit a Rockmaraton programjából puskáztam. Kocsmai zenegép best of.

Nemzeti Rock, Pank, Alternatív-Pszichedelikus külön megy, ha csak nem illeszkedik jól rá. Fura illeszkedés: Hooligans, mert megmondjak hogy *élet*. A végén lehet, hogy összeöntöm a Pankkal és a Nemzetivel, de az Alternatív biztos nem jön ide, Kispál, Vágtázó Halottkémek, ilyesmik nem ide valóak!

UPDATE: egyben fogom tanítani a HipHopRappel, de minden számhoz csapok egy címkét, ami a műfajt jelöli, aztán a neurális háló majd ráérez, hogy mi az árnyalatni különbség, ez a dolga.

Így lesz szókincs, némi kreativitás, de nem lesz az output katyvasz.

Az alapháló a Combo-III (prózára tanított líra).

HipHopRap korpusz: ak26, akkezdet-phiai, animal-cannibals, badihali, belga, bigmek, bobafett, bobakrome, bsw-beerseewalk, denash, dopeman, essemm, fankadeli, funktasztikus, ganxsta-zolee-es-a-kartel, halott-penz, hibrid, hosok, killakikitt, krubi, majka, mr-busta, nks, ogli-g, paja-g, papa-jo, pixa, punnany-massif, siska-finuccsi, sor-es-fu, steve, sub-bass-monster, tibbah, tirpa

RockMetal korpusz: akela, alcohol, aws, beatrice, bikini, blues-company, deak-bill, depresszio, dinamit, dorothy, edda, hollywoodoo, ismeros-arcok, kalapacs, karthago, leander-kills, leander-rising, lord, moby-dick, nevergreen, omen, ordog, ossian, p-box, piramis, p-mobil, pokolgep, road, sex-action, skorpio, tankcsapda, taurus

2020. március 10.

SZASZ

Előttem van, most felgyújtom a kibaszott székletem
Kinyögni a szomorúságot,
Kegyelem kell lassan,
Megállok, kicsit

HipHopRap-9500 + Combo-III-36000

2020. március 10.

Dalszöveg mellékág 2.1: minden műfaj jöhet

Combozene: korai popzene/etc kategória próbálkozás, ami felülreprezentálja az alábbi előadókat: amokfutok, irigy-honaljmirigy, kowalsky, pa-do-do, rapulok, sipos-f-tamas

Mostantól műfajokra bontva tanulja a teljes magyar könnyűzenét: **altpszi, hiphoprap, popetc, rockmetal, rocknemzeti, rockpunk**

10300 zeneszám szövegével.

2020. március 10.

TÚL SOK

Nő a négyzeten, sok a húsz
Sok csávó az igazi
Sok a jég meg a tisztáj...
Lépek úgy, mint a megszaki
Beléptem a máglyába'
Visszaküldöm az éjben a friss vándzsöröm gyökényt
Te lemondtad, én bejöttem vagy te árkot
A szöveged nem olyan jó, ha rátok szállok

Combozene-52000

DOB - SORNAK AZ ORSZÁGON

Dob-sor-nó-kon-nó-kon-kon
Mond jó, hogy jónak lesz kopja
Dob-sor-nó-kon-nó-kon-kon
Dobban a reggel, majd szól e a hang:
Árulod a konyhát, de még várod
Árulod a konyhát, de még várod
Mindig azt hitted, elég lesz, ki vagy
Mindig azt, hogy szép legyen a tükör
Mindig azt, hogy várod az erőt, erőt, erőt
Dob-sor-nó-kon-nó-kon-kon-kon
Mond jó, hogy jónak lesz kopja
Dob-sor-nó-kon-nó-kon-kon
Áruld el, hogy hajnal jüssön át
Áruld el, hogy hajnal jüssön át
Áruld el, hogy hajnal jüssön át
Áruld el, hogy hajnal jüssön át
Áruld el a pisztoly-télidőt
Mond jó, hogy jónak lesz kopja
Mond jó, hogy jónak lesz kopja

Combozene-53000

2020. március 10.

ORO

Mocskos ribanc.
Mennyi birodalom,
Mennyi ribanc.
Kirohantam széjjel
én jó szarim
édes ribanc.
Szuper bazár
ribanc.
Szuper bazár
ribanc.

Mocskos ribanc.
Mennyi ribanc?
Mennyi ribanc?
Mennyi ribanc?
Szuper bazár
ribanc.
Szuper bazár
ribanc.
Szuper bazár
ribanc.
Tied az élet, tied az álom
széjjel sztárok, hófehér hóóban,
Szuper bazár
ribanc.
Tied az élet, tied az álom
széjjel sztárok, hófehér hóban,
Szuper bazár
ribanc.

Combozene-55000

2020. március 10

PÁR SZÓ, NEM VÉD A SZENSZED

A tükör így marad, hogy embert öljek
Lásd, hogy érzel-e igazán,
Kösz, szép vagy, ész nem, én éltem mindent
Lásd, hogy nem vágy örökké mindenki örök életre

Kórház, sárba ördög a semmi,
Sose voltunk nála nagyobb darab a sarkon,
Nem akarunk más háborújába járni
Én mindig ugyan úgy mulattam, ahogy a hívő,
Mint egy távoli jégkorszak a Földön

Refrén(x2)

A végtelen szült engem, és én seftelek
Néha már nem is vagyok, készülj!
Beefek voltunk, mint a máról egy átok
És hiába várom, már messze vagy,
Nem érdekelt soha, mert menekülök hazáig,
És töltöm a tárat

Kórház, sárba ördög a semmi,
Sose voltunk nála nagyobb darab a sarkon,
Nem akarunk más háborújába járni
Én mindig ugyan úgy mulattam, ahogy a hívő,
Mint egy távoli jégkorszak a Földön

Combozene-55000

2020. március 10.

(első metálra szűkített generálás)

HONFOGYTIGLAN

Ez a tenger a kis Árpád,
És mindenki más egy törpe,
A nyomában egy angyal a tengerpartra száll,
Az úrhoz képest bármeddig tart a Föld,
látom ha velem zöldell.

Én már nem félek:
De tényleg nem érdekel,
Csak te legyél az én kertem!

Te nem voltál álmom:
Sosem fizettem a súlyommal a fénynél,
Ahogy összeállt egy habzós üzenet a fényben,
Érzem messze még a fényem.

Nem nem nem nem nem szabad :
Légies még, de látnék:
Úgy érzem, hogy nem vagyunk már,
Jobb, ha elprédálom a képem,
A víz mentén, a víz mentén.

Úgy bizony: valaki benned él.
Nem szívom tovább ezt az életet.

Combozene-64800

2020. március 10.

(A vers generálásakor a magyar interneten nem volt találat a "honfogytiglan"-ra)

AM

Dobtam a csigát,
Tévesztettem a csodát
És nem értette meg senki,
Hogy nincs több érzés

Hívd a pecsétet,
Szaporán nyalod már az egészet,
Jó a zsebedbe, hát mocskos a fejed,
Nekem fölösleges, mert érzem, egy kicsit
Elvárod, hogy a bűn legyen az otthonom

Hát nekem fölösleges,
Hát nekem fölösleges,
Lehettem jó: bűnös!
Tele volt a pofád,
Lehettem jó: bűnös!
Tele volt a pofád!

Nekem fölösleges, fölösleges,
Mert nagyon fölösleges
Csináljunk egy új utat,
Több érzés vár ránk,
Az út egy más világba.

Combozene-68400

2020. március 11.

RINGÓ HINTÓ GRINGÓ INTRÓ

1-2-3-4,
Wattogott gengszter a színpadon
Az alávalóság alakítson,
Kérlek nagyon, hogy itt legyen,
Előttetek háromszor még az áruházban,
34-es álruhában

Zolee:
Leszünk igazi csibészek, nem kell nekünk pirulni
Üssük együtt a halálgongot, mikor elfogynak a vétlenek
És a fejemet veri a bling-bling műanyag fémkeret,
Zsebedből szűk szatyrospatikák,
Röpül a tranquil, mint a fejlődő ország

Combozene-76000

2020. március 11.

(generálás HipHopRap-re szűkítve)

Visszatérés a főágra

ÖRÖKÖSÖK

A Vég: ez a puszta, vad, néma,
Zajgó véna, szélként verni,
Ütni fogja, melyre úgy jajdul,
Hogy ahova tudja, rántja a világot.
Nem tud élni, csak rombolni:
Haragszik a német – öldökölni fog.
Testvéreim: emberek, ti örökösök,
Elvet, átkot zabráltok,
Csámpás zsibogással rohamoztok:
Ne ijedjetek meg, barátaim!
Ó jaj, ti örökösek, ördögök,
Hogy vagytok, jó embereim, ti bűvös
Dolgok? A porlepett világ
Bűnös emlékei kelnek a földekből:
Örökösök vagytok.

Combo-III-41000

2020. március 11.

Korpusz - 2020. március 12.

Crawl: *weboldalak bejárása algoritmussal. A gép esetében: egy adott weboldal struktúrájára szabott script, ami a megfelelő tartalmat célozza, lekéri, megtisztítja és lementi. Mivel ez sokáig tart, akár napokig - a sok, gyakori kérést a szerver támadásnak veheti -, ezért ez az állandóan bekapcsolt, házi médiaszerveren futott.*

Csináltam egy teljes Nyugat crawlt. Szépen, megtisztítva, külön szedve a verseket, és a többit máshogy címkézve ugyancsak eltárolva.

141 MB, ebbol 7 MB vers, ami hozzá lett csapva a Combo-III-hoz. Most így edz a Combo-4.

LÍRA
1. Költők: ady, aprily, arany, babits, dsida, gyonigeza, illyes, jozsefa, juhaszgyula, kassak, kazinczy, kolcsey, kosztolanyi, madach, petofi, pilinszky, radnoti, remenyik, szabolorinc, totharpad, weores, vorosmarty,

2. Nyugat archív / líra (7 MB)
Osszesen: 19620 vers (19 MB)

ZENESZÖVEG
1.: altpszi: 30y, a-e-bizottsag, akos, anna-and-the-barbies, bonanza, cserhati-zsuzsa, dalriada, demjen, europa-kiado, fonograf, ghymes, hiperkarma, illes, irie-maffia, kaukazus, kerecsen, kiscsillag, kispal, kormoran, ladanybene-27, lgt, metro, ocho-macho, omega, peterfy-bori, quimby, republic,

solaris, vad-fruttik, vagtazo-halottkemek, veszelka-kommando
2.: hiphoprap: ak26, akkezdet-phiai, animal-cannibals, badihali, belga, bigmek, bobafett, bobakrome, bsw-beerseewalk, denash, dopeman, essemm, fankadeli, funktasztikus, ganxsta-zolee-es-a-kartel, halott-penz, hibrid, hosok, killakikitt, krubi, majka, mr-busta, nks, ogli-g, paja-g, papa-jo, pixa, punnany-massif, siska-finuccsi, sor-es-fu, steve, sub-bass-monster, tibbah, tirpa
3.: popetc: amokfutok, bestiak, charlie, elso-emelet, emergency-house, happy-gang, hip-hop-boyz, irigy-honaljmirigy, kowalsky, kozmix, naksi, neoton, pa-do-do, r-go, rapulok, sipos-f-tamas, soho-party, szandi, v-tech
4.: rockmetal: akela, alcohol, aws, beatrice, bikini, blues-company, deak-bill, depresszio, dinamit, dorothy, edda, hollywoodoo, ismeros-arcok, junkies, kalapacs, karthago, leander-kills, leander-rising, lord, moby-dick, nevergreen, omen, ordog, ossian, p-box, p-mobil, piramis, pokolgep, road, sex-action, skorpio, supernem, tankcsapda, taurus, vmoto-rock
5.: rocknemzeti: divizio-88, egeszseges-fejbor, hungarica, karpatia, magozott-cseresznye, nemzeti-front, romantikus-eroszak, vadlo-bitofak,
6.: rockpunk: alvin, aurora, hetkoznapicsalodasok, prosectura, romeo-verzik, rozsaszin-pit
Összesen: 13952 dalszöveg (17 MB)

PRÓZA
1. Nyugat archív / próza (134 MB)
2. Combo szépirodalom (24 MB)

2020. március 12.

JÓ LELKEDŐ

Szemem kérdi, mit csinálsz temetőn?
Csak hallgatsz,
Se ének, csak kétség,
Csak borzalom.
Ó szerelem, te szabad, te diadal!
Legszebb könnyel összefonódni,
Nem rossz halál ez,
A legjobb ravatal,
Ha tiszta vizet érez,
Jéggé fon sötét korommal,
Forgó sziklák dőlnek
S díszes erek csengenek,
Tiszát eszik a kicsi patak!

Combo-4-46000

2020. március 12.

CSAK NE DOLLÁZZ!

Idd, Idd, Világos és Jóleső!
Köszönd általa, ha lecsúszik a fény,
Ha csillagokba gyűlt fövényt űznek,
röpülnek, ujjongnak az alacsony
muzsikusok felé a Rajna-szigeten!

Bú! Bú!
Báj-izűen öregedjen
Sebzett pohárba,
A Sírást a belsejében
Árván zöngje, megvédje
Szomjas lelkünk!

Ha a gyávaság árad,
Csodáld a gyönyört, énekel a Várad,
Megsebződik a szörnyü kedv,
S rákezd a Végső Biztonság:
Idd, Idd, Világos és Jóleső!

Combo-4-46000

2020. március 12.

(Komment: Már most jobb, mint bármelyik slam poetry)

VISSZHANG

Jött, városi és felséges borzalom;
Azóta jó így? megkérdelek.
Üres nászunk biztató.

Minden, ami egy az idegenben női,
Tűr. Egy hang, Én:
Őt szeretném, szívembe sugja.
Szeretjük egymást.
S te mást, szememben.

Egykor felindultunk a holdfényben
S átverekedtünk másokon, víg emlék;
Tiszta, menyasszonyi túlvilág,
A te örömöd betegség,
Mely halkul, mint a temető.

Egy hang már ült a csöndben: élet,
Akkor jött valami, most elállt.
Megfagynak a lenge lombok,
Egy csapás, és nem szól többször fehére:
A hantra és a rossz végtelenre gondolok.

Combo-4-47500

2020. március 12.

IBOLYKA

E mogorva fényt
- ez Édenkert nagy vizek közt -
Vígan ragyogja már a vén nád:
Vígan zokog a hold: elmúlik a táj.

Túl már az egész tanyákon
S megmeredt erek alatt
Hangok zúznak néma kínban:
Szavuk csak mankót zenél,
Szívük őszi hangot hall, hallgat.

Dús ölünk dühös lesz: háborura áll.
A düh, a düh: ember üdvözöl:
Csak azt hallja, amit hallanék,
Mély csöndbe borult szerelemet.

Tavasz van, Tavasz, meg se karcolál,
Miként a tinta, mely kikel,
Villa-hűvös kard a karok mélyén,
Szerelmes-néma bánat-virágok.

Combo-4-51000

2020. március 13.

VALAMIKOR, TE MONDNAK

Én is tudom, hogy mily tömkeleg az ördög -
Az ember vesztegel: szabadon ereszti,
Torkig a füstös, csendes, feketeséget,
S legmélye fölött símogatja némán,
Egyre kétségbeesettebb szavakkal,
Hogy hess tovább vak, szegény!

Jött végre Harang, s a rácsos ablak
Mögött szédül, a várva vár a partok a
Távolban, a megkönnyebbült szavakat
Sem hallja már, sem nem érez.

Ebédre Harang és a sebem énekelget,
Míg véres szájjal próbál még egyebet.
Hörögjetek bele a megőrült lélekbe!
Emlékeken túl-oldalodó kényelem,
az életvesztés és a dolgok között.

Harang moraja fogja e helyet,
mellém néz némán, váró szemöldökkel:
Lábodat, ezüsthold fa,
Szállítsd a szívembe,
Szétöntözd a hazám szép nevét,
Mely, mint a széltől űzött
Botjához, amivel a világosságból
Felakasztom a fenséget,
Valót, Életet,
Letöröl.

Combo-4-5100(

2020. március 13

(Szerkesztői kiemelés a generálás idejéből)

VOLT ÉLET

Jószagú hangja a hegyek fölött elhalkult,
Az ott legelő nagy október tetején,
Még harcba sem ütközik, mégis éhes
Ifjúság, ki tudja nyögni a harcában,
Hogy isten nincsen, csak én!

Urának a megbocsátására számitogat -
Bukott apák és városok katonái,
Kik a szűz-apanyaságban hagyták veszni
A holttetemre ölt igazságot.

Tanulják bánni mind, akik voltak,
Kézenfogva álló kutyák,
Hogy a hitnek a bocsánatot,
Mely akármi máskor is hiányzik,
Magasztos volt élet váltja,
Ez a magyar dolog!

Sírjunk csak lányok, kicsik, nagyok,
Daloljuk, halljuk szavatok,
S a kínban szabad esküvővel
Tűrjük az eget, a víz alól.

Combo-4-51000

2020. március 13.

(Szerkesztői kiemelés a generálás idejéből)

A Super

A végleges tanító korpusz formátumának megszületése. Rengeteg "próza" web crawl formájában (cikkek), hogy magyarul tanuljon.

Minden cikluskötegre egy véletlenszerű szelekció kell, mert nem képes 155 megabyte-nál többet tanulni, nem fér a legnagyobb GPU (NVIDIA Tesla P100, 16 GB) memóriájába.

A líra mindig teljes egészében benne van. Nagyobb próza darabokra (snippet) bontva.

Példa a tanítóanyag-előállító script kimenetére:

```
Nyugat lira: 7 MB
Combo lira: 18 MB
Combo zeneszoveg: 17 MB
=====================
Lira done: 43 MB

Proza target: 112 MB

Combo start size (classic): 24 MB
DIA size: 48 MB
Combo start total size: 72 MB

NOL crawl size: 102 MB
HVG crawl size: 127 MB
VALASZ crawl size: 16 MB
Media crawl total size: 245 MB
```

```
Klasszik proza:
Target: 20MB
Snippets pool:      31034 (72MB)
Snippets selected: 8598 (20MB)


Nyugat proza:
Target: 30MB
Snippets pool:      16350 (138MB)
Snippets selected: 3524 (30MB)


Glob size: 93 MB


Modern proza:
Target: 62MB
Snippets pool:      70440 (245MB)
Snippets selected: 17783 (62MB)


Glob size: 155 MB
```

Modell: a lehető legnagyobb neurális háló, minden adat, és nulláról indul a tanítás. Ennél nagyobb nem lesz, ez a *Super*. A tananyag nőni fog, és darabos, lassabban fog konvergálni, de többet fog tudni, mint a korábbiak, idővel.

2020. március 15.

Kontextus

2020. március 16-án az országgyűlésben napirend előtti felszólalásában Orbán Viktor újabb intézkedéseket ismertetett.

Éjféltől az összes nem magyar állampolgár előtt lezárják a határokat, és minden rendezvényt betiltanak. Az éttermek és a kávézók csak 15 óráig lehetnek nyitva.

*(Borító háttere: szabad, minimálisan szűrt, 20. század
középi líra generálás)*

ELTEMETT, HOGY HULYTAD A FELHENGENÉST?

Rád nyitott a csöndes, ferde évek vihara,
Macska mormogása lomhán terhelt.
Történet szállt ajakadra, koszorúzva,
Porosz ruhájukban kitágultak a gyárfalak,
Védő csipkefüggönyönök.

A hely egyre tágult, nyugodtság
Közepén glória kanyargott:
Bezárva érkeztek az esti árnyak,
Sebes és hegyes tetejük,
Melybe a csillagok behatolnak.

Mária nyomorú:
Sivatagi tejben reszket,
Mivelhogy nincs isten,
Aki márvánnyá tehetné a kegyelmet.

Super-36000

2020. március 16.

Ó SZOMORÚSÁG!

Ez a szomorúság?
Szomorúság, míg lehunyod szemem,
Az örökkévalóság, míg képzelem,
Hogy lehunyod a szemed.
Felszállt a szomorúság.

Super-36000

2020. március 16.

A MÚZSA ÉJSZAKA

Meghalt a kürtöd.
Síma fáklyák égtek,
E fáklya melegén
Elhagyott.
Reggel holtan állt az ég alatt.
Mozdulni tért. Könnyü nap volt.

Feküdt a meztelen szél,
hallotta a tükörcsapást.
Levetette szemét
A csöndes isteni.
Az isteni, az isteni.

Először a meztelen fal
zárta az égre.
Nem nézett az udvarra,
Csak a szeme járt.
A fal mellett egy csöndet látott.
Sokáig nézett, nézte a leányt.

Super-36000

2020. március 16.

ORLALOMHALLGATÓ NAPOK

Egymásé voltunk, vágyak és vágyak,
S alattunk a szenvedélyes nap
Vára, bazalt kőbe vágott.

Kalitkák zümmögtek, az égre habzott
Bibor mérget kötötték lombba
Pillangók, s ráomlott tavaszi csodák
Zokogtak szanaszét az   erdős
Mocsárban, amelybe mint a leves,
Az elkerülhetetlen sár közé vágott
A valóság, s betakarta újra azt,
Akiktől gyermekek, házak és parkok,
Megmohosodtak a tevékeny rosszak.

A tavaszt temető nyarat,
Mint valami kocsmárost, átölelte
A kúszó paraszt, egy másik szerelmes
Kemencéhez ért a nap és álltak,
Amíg mindenki jóllakott.
A kocsma előtt lógó orrú táltos
Hasitott az út végére várva,
Villantott egyet az aranyháznak, borzasan.

A tükörnek megmozdult a tisztára érdemes
Varázsverése, befogott szemekkel
Mosolygott a fényben, a különleges fölött,
Ki se nézett az ura asztalnál,
A keménységekkel száműzött kacaj.

Super-36000

2020. március 16.

FÁKLYATAVASZ

Száguldani kezd egyszer végre a nap,
Szemben az élet tépő, szép gyönyöre:
Szívemen éj, jéghideg, álmodom az
Édes, édes fáklyatavaszt.
Szádban **tűz az ég és árad a víz**,
Az órád a végtelen életem,
Elvarázsol a béke.

Super-45000

2020. március 16.

(Szerkesztői kiemelés a generálás idejéből)

ÖRÖM ÉS FÖLHADÁS

Ördögöt szagol
vihar.

Super-45000

2020. március 17.

ANGYALHAJNAL

Most volt ott, hol nem voltam én.
Ott, hol nem voltam én.
Oly népesek az én szerelmeseim,
De képtelenek a jóságot kihozni.

Vagyunk, mint a fények.
Kis kert vagy, keresztény
Vendég: elmúló, új föld,
Bekerített, bizonyos
Beteljesítő képzet.

Édes a beszéd,
A völgyben, csillagfüstben,
Mióta egy világot
Hozott az egyetlen igazság:
A szív rád ismert.

Istenem, ha a sorsom
Rád emeli lelkem,
Csitító fegyvered,
Sok ember harca mellett,
Vágtázó szívverésbe kerget,
Tisztába márt.

Super-45000

2020. március 16.

ÜRES HAZATÉR

Leraktuk a gombát, nagy segg beleszakadt.

Leraktuk a kést, beült a mezőbe.

Leraktuk a poharakat, sose nevetett.

Leraktuk a puskát, szétvált a fénybe.

Leraktuk a fehérneműt, amely nyugtalanul hálóra tűzött.

Leraktuk a magot, aztán eszembe jutott az életem.

Leraktuk a szögöt, lelkesedésében az élet végezte.

Ez előfordul, vagy el is felejtem:
Új bajt okozok. Mert nincs más ismerőse,
Ez emelkedik be a múltba, meg a jelenbe.

Leraktuk a poharakat, azzal nevetett.

Super-45000

2020. március 17.

(EMLÉK)

Emlékszel? A világon sokkal jobb volt, mint most.
Nekem sokkal ismeretlenebb.
(Rózsás gimnáziumban)
(Földrengésbe mártva)

Rám te vártál a nyilván, hogy "egyedül
Lássam, hogy emlékszel"
Nekem sajnálatos ellenkultúra a jelen.

Kibújtál verítékkel,
Tegnap óta semmi nem bánthat,
Mert ha akarod, én,
Ki fogok rá törni.

Én csak egyet kértem,
A nyilvánt,
A Végére,
Hogy kelj föl, hogy engedd el,
Hogy játsszunk!

Én csak úgy félek, oly egyszerűen,
Hogy nem is őszinte már,
Már minden megfelel.

Én mindent mégsem tehettem,
Én azt se tudom már,
Én, ha leszek is
(Ma az, amikor jó)
(Ma az, amikor jó)

Super-45000

2020. március 17.

EZ AZ ŐRSÉG HÁZA

Eljött egy halotti tor.
Letépte magát,
Idegen tüzekből gyűlt le a szél,
Csillárként.
Elengedte magát a családfára.
Elengedte magát a családokra.

Nincs ének, nincs játék,
Nincs nincs semmi sem.
Csillár mezője építi
A halált.
Csillár, Isteni szék.
Kis ház, kis ház.

Super-63000

2020. március 19.

NAGYÁGYŰZ

Kék vizeken feküdtünk
Az égszínű folyóparton,
S én a Halál előtti
Izgalmatlanságban sóhajtottam,
Mint a ragadós csillagok,
Örök örvénye nékem,
Öleltem.

Az éj győzhetett rajtam.
Megcsalódva mentem egyre a folyón:
A földi jelen mérgezett menekülés.
Ha még öt nap, pár perc alatt,
Ölelésre sem lesz időm.

Super-63000

2020. március 19.

S BŐNÖS VAGY.

Fényesen, sebesen megyünk vígan, magunkban.
Míg az országútat felhők lepik el,
Megyünk. Síró kisértetek rettenetes,
Égő, nagy torokként, a virágok bőrén,
Tüdővészes szörnyek, puszta, hűvös
Közönnyel roskadó, nagy, vörös gép
Lángol, míg a démoni őse
Után fújtat, az élet kemény,
Hulló hullámát üvölti az ég
Lángos, véres bokrai között
Az Isten rángó, süket ölében.

Super-63000

2020. március 19.

(Meglepően aktuális sorok 2020 márciusában)

JÚLIÁMNAK

Nem bírom elhinni, hogy vagy, Júlia,
Hisz apám mindig úgy szép, Júlia,
Hogy neki tetszik, Júlia,
Hogy neki mindig nagyobb kedve van,
Az orvos kezében húzakodik,
Az anyám az örömére hogy tud
Sápadni, Júlia, Júlia,
Hisz tételez gyereket, Júlia,
Nem tudom, miért fázom nappal, Júlia.

Super-63000

2020. március 19.

ÉN MAGAMHOZ

A nőnek öröme,
A kedvesnek gyönyöre,
A szerelemnek könyöre,
Törvénye.

Káprázatos, magátül értetődő,
Költő szemével könnyű,
Fehér zene, tán sírás,
Mely örökig tart
A vad ködön át.

Super-63000

2020. március 19.

UTOLSÓ ÉV NAPJA

Ó, milyen lágy, pengék közt
Aszott fürtök, mint fényes élet,
Mint lágy, vad, súlyos fellegek!
Halk könnyed érint,
Bárgyú méltósággal és boldog
Szégyenlősséggel lebeg a legnagyobb
Jajszavunk: Büszkeség - parány
- hidd el, szeretni nem tudsz.
Voltak még körülöttünk,
Ma már nem élnek, - órák, évek
- szerelmek, idegenek,
Isten veled, tüzgyöngy, remény!

Super-63000

2020. március 19.

VILÁGHÁBORÚ DOLGOZAT

Minden halál halál:
Szeretni fog
S ölelni mindent, ami fáj.

Elvisz a tenger,
Vízben és vérben, s aki a
Szépségét szeretni tudja,
A halálban vissza-érti.
Békés mezők, izzó mezők,
Békességes tó, a nyár
Lombjaival itt a víz fölött
Száll a halál,
Száll a halál, s könnyek
Marják szét a sírt.

Super-63000

2020. március 19.

SZÁLL AZ ÉNEK

Nevedet meghozom újra,
Szétfúvom némán, mint a föld,
S mint a hold, úgy lobban a szíved,
Csillogó szívvel, mindenkihez,
S a testet, minden, mindennek minden testét,
Neked viszem az égbe, az éjszakába,
Betegnek jó fegyvertára,
A szívednek lehellete

S minden, ami száll énekbe a szívedből,
Neked is mennydörög, a kíntalan élet,
Szegény szíved száll az ének mélyén,
Mered, szíved elszakad,
S én csillagokat nézek, én csillagokat,
És szeretlek, szeretem az éjszakát,
És minden, minden elszakad,
Mint az ember.

Könny, csillagok.

Super-63000

2020. március 19.

RÁCSOK

Ez a kékes, kinyúlt
Csöppföld, mely dús
Szívet ad s az örök könnyet
Átkozza meg: Könnyeket, bolond,
Lankadt kenyeret, mely összeomlott,
Éhes feleségeket, éhes,
Békére kínált csókokat.

Véres korok,
Áldó csöndje,
Ami megfakult,
Őrzi a vért,
De elhervad a kés:
Kisírt szómat
A magányba hajtom,
Közönyöm köszön vissza.
Ölni vágyom!

Super-63000

2020. március 19.

(Szerkesztői kiemelés)

Korpusz - 2020. március 20.

Gigapool: Egyszerre kb. 160 megabyte-nyi adatot képes tanulni. A cél: minden 160-as tanuláscsomagból 100 megabyte egy 1 gigabyte-os magyar nyelvű szöveg poolbol legyen véletlenszerűen összeválogatva.

Így ciklusról ciklusra jobban fog tudni magyarul.

Ebből 500 MB már rendelkezésre áll, a maradék 500 internetes portálok archívumából fog összejönni, idővel (HVG, Válasz, NOL).

A mostani, szövegelemzős, kulcsszó-statisztikát készítő script már így is 6 percig fut, mire egy tanítócsomag kész.

Feltételes generálás: elkezdődött a szupernagy neurális háló edzése olyan adattal, amivel remélhetőleg képes lesz megadott kulcsszavak menten generálni.

Webes korpuszok integrálása: kevésbé értékes, mint a "modern próza", de magyar szöveg:

https://github.com/oroszgy/awesome-hungarian-nlp
http://mokk.bme.hu/resources/webcorpus/
https://dumps.wikimedia.org/huwiki/20191020/

REGGELI ÉJSZAKÁBAN

Kik csak ritkán, néha kékre tárt kedvvel figyelnek meg
bennünket
S azoknak, akiket már rég nem ismernének,
Azoknak, akik most úgy szeretnének,
Mint én: mind véres szeretetbe fog szállni, és
Tudnának majd úgy szeretni, hogy szenvednének kettőnk
között.

És az ismeretlen istenség istenségét szereti
Az emberiség a szívében, és istene küzdésének
Megy ezen a tájon a szörnyü, őszinte szomorúsága:

Isten ismeretlen, és örökké bennük születik:
Aki gyönyörtől félni tud, szép emberré válik;
S aki szeretni tud, és ismeri az ismereten
Terebélyt, aki meg tudja állítani a szívét,
S visszaadni a bút, az tudja, hogy minden meg fog halni.

Megérzi az embereket, de nem ez a fontos neki.
Megrázza őket mindenütt, börtönből elővesz
Örök-véletlen örömöt, hogy megrontsa őket így,
És akkor elbúsulnak ők és mezőkre esnek.

Jajgatnak azok, akik nem ismerik ezt a
Lombot és mezőt, a megkérdőjelezethetetlen közönyt;
Nem ismeri római püspökök sem,
De ha eljönnek északi és délszaki hársfák,
Isten megadragadja őket ezen az Igazságon.

Super-75000

2020. március 20.

EGY KIS SZOMORÚSÁG

Egy kis szomorúság,
Mint gyönge, lázas karácsonyfa,
Egy kis szomorúság,
Hozd fel édesapám,
A kék égbolt ezüst díszét,
Hozd örök csókjaimnak
A tömérdek könnyeit.
A kék égbolt ezüst díszét,
Hozd vissza hozzám
Szelíd mosolyát,
Lelkem könnyt nevel,
Könnyeimbe, könnyeimbe
Lágy csókok és csókjaim.
Rózsaszín föld, csöndes magasság,
Perc alatt száz csengő oltár,
Derengő aranyhal, ernyőként élsz,
S megszáll a szerelem:
Te vagy most, égi mesehalmok lángja,
Az égi, a sötét, a mártír.

Super-87000

2020. március 22.

Kontextus

2020. március 27-én kihirdették, hogy másnaptól április 11-ig kijárási korlátozások lépnek életbe az egész ország területén.

Mindenki csak alapos indokkal (például munkavégzés, vásárlás) tartózkodhat lakóhelyén kívül, az üzletekben pedig 9 és 12 óra között csak a 65 év felettiek vásárolhatnak, máskor csak a legfeljebb 65 évesek.

Kontakt

Az Újmagyar Géppel kapcsolatban: <u>menyhei@tuta.io</u>

Korpuszból sosincs elég, főleg minőségiből.

100 ezer

A LÉGIŐ MEGTALÁL

Hajnalban,
Fekete-fehér ég alatt,
Könnyet olvasok, hullát tolok,
Minden súlyt, bajt megnyitok,
És mire lefekszek éppen,
Fekete-fehér ég alatt,
Gyermekké válok,
Aki tiszta.

A gyökér is, a teher is, a halál is,
Minden más, légi földön, minden halálon,
Minden tájon, minden égen, minden légen
A másvilágon, minden máson.

Super-109000

2020. március 29.

KICSI KÖSZÖNTŐ

Karcsú nyárfa, karcsú kenyérfa
Kis márványtetőn szép halálba vág,
Ó, keskeny homlok, rózsaszirmok.
Ó, vázas rózsakoszorúk.
Ilyen volt az egész távol,
S lángjuk úgy csapott ki márványtetőn,
Mint karok bíbora.

Super-109000

2020. március 29

Korpusz - 2020. március 29.

Super-116000-től kezdve: a meglévő 45 MB líra és 561 MB próza mellé bekerült 4.7 GB magyar szöveg a 2004-es web korpuszból. Ez 1.2 millió, kb. 4000 karakteres magyar szöveg.

Ebből kap minden tanulási ciklusban 70 megabyte-ot.

Költők: ady, aghistvan, aprily, arany, babits, berzsenyi, csekegabor, csoori, csukas, dsida, gyonigeza, illyes, jozsefa, juhaszgyula, kanyadisandor, kassak, kazinczy, kolcsey, kormosistvan, kosztolanyi, madach, nadanyizoltan, petofi, pilinszky, radnoti, remenyik, siksandor, szabolorinc, szecsimargit, tandoridezso, totharpad, vorosmarty, weores + az összes Nyugatban publikált vers.

Példa a tanítóanyag-előállító script kimenetére:

```
Nyugat lira: 7 MB
Combo lira: 18 MB
Combo zeneszoveg: 19 MB
=====================
Lira done: 47 MB (2 MB statisztika altal
generalt keyword meta)

Proza target: 108 MB

Combo start size (classic): 24 MB
DIA size: 47 MB
Combo start total size: 71 MB
```

NOL crawl size: 102 MB
HVG crawl size: 127 MB
VALASZ crawl size: 91 MB
Media crawl total size: 351 MB

Klasszik proza:
Target: 7MB
Snippets pool: 31034 (72MB)
Snippets selected: 1429 (7MB)

Nyugat proza:
Target: 15MB
Snippets pool: 96153 (138MB)
Snippets selected: 1712 (15MB)

Glob size: 93 MB

Modern proza:
Target: 15MB
Snippets pool: 70440 (245MB)
Snippets selected: 4004 (15MB)

Glob size: 84 MB

2004 web corpus:
Target: 71MB
Snippets pool: 1221410 (4.7GB)
Snippets selected: 16643 (70MB)

Glob size: 154 MB

[Publicisztika]

Hangtömbök: Jó, jó! Jó, jó. Csak a sorsa, hátha jobb a környező országoknál éppúgy, mint például a miénknél, mindvégig kisebb, nagyobb; ahol ennyivel több a jövő, ott ez mind több, így nyolcból három is van, elég példán is túl, ennyi az egésznek, ha kevesebb a pénz! És azokat a híreszteléseket, híreket és jövőképeket, amelyekkel kapcsolatban szerepet játszani csak azt emelték ki, hogy nem cél, sőt a gyenge minőséghez képest sokkal, de több nála annyit sem kell, hogy ezek a gyengébb országok, mint nagykorúak, különben is a felszín alatt már kedvezőbbek, ha ritkán is számít másra, így ráadásul nagyobb az ember, a külső környezetekben csak külön sávot is érez, mint a pénz ára.

De vannak még veszéllyel járó gazdasági területek, márpedig nem hála ez; a példák gyötrelmesek, a minőségbiztosítási hatóság lélek, vagyis aztán csak három dolog van, ami abban szokott úgy megegyezni: a megrázkódtatás (és ennek is jó része valamiféle rendszeres börtön-kezelést keresés, esetleg ilyesfajta fejlesztéseket fognak alkalmazni), az ásam-ártalmak és a túlélők önállósult felhatalmazása (és ennek magyarázatát a bányákban köszönjük) kedvező hatása alatt szokatlan, komplex többségnek tűnik a hatalmak számára hozzájárulás a fideszesek egy újabb és újabb szavazatokat megkérdőjelezésének, tehát lehet, hogy az ezzel összefüggő tervek, a jövőbeni tervet már most is már egyre gyorsabban hozzák. Csak tudja a kormány, tudja a köztársaság, hogy a nemzet nagyon széles a földek felé, s nem bánik a polcokkal, és hogy nem hízik a földön (mert ha nem ülne pénzért azon gondtalanul, hogy elsőnek ezt a pártot ne tegye ki a kormány, akkor azt a kormány tudja legjobban).

Super-145000

2020. március 30.

(A gép képes műfaji megkötéssel generálni)

FEHÉR, SÖTÉT, SZÉP

Fehér, sötét, szép szőke árny
Fehér, sötét, szép
Ma már
Levetkőzik a gond

Lódul szerteszéjjel,
Vegetálgat, mikor elérsz
Tovább,
Lágy lépteid sávos falán

Super-146000

2020. március 31

A BÚCSÚZÓ

Hiába súgott bennem ezer
Kétes bús szó,
Táncoltunk fenn,
És kisütöttem
A pillám,
S éppen úgy
Kisütöttem,
Hogy a szám csak
Összecsengőn csilingelt
A kilincsen.

Pöffeszkedtem,
Még rángtam is kétesen,
És mert nem adott kezet
Életemnek,
Fölhúzta a torkomat
Az újból húzódó sós,
Zümmögő zaj,
S a zaj az egészet
visszavágta,
Tövig korholta, megzsúfolta.

Aztán konokul nagy lett
Az a második Kín,
Élőlény lett,
Túlszárnyalta a szót,
Melyben megremegtünk,
S ezt az árvizet mondta
Az a némán szomorkodó,
Kicsi, szinte zokogó
Múltam, mikor egyszer
Fölhívtam a forró sötétben:

Suttogott,
S majd olyan nagyon
szigorún,
Halkan, olyan fejtől félően
Zengte, mint ének
Amitől búcsúzom: szent,
mély zenéje.

Super-146000

2020. március 31.

BÚS CSAPAT

Csillog a nyírfákon a zsír, az isteni
Ősanyagod.

Meztelen sír felé hűvös az idő
És újra, újra csatangolni kezdenek
Gyászoló seregek.

Sivatag
Fák árnya néz a fákra.
Nem él.

Vén paraszt, vén paraszt, csúnya fickó,
Édes a lánya,
Kiben az Isten és a szív a legdicsőbb.

Super-146000

2020. március 31.

A HOLNAPOK ISTENÉNEK

Van egy régi ének:
Őrizd az örök álmot, az édes anyanyelven szólót,
Őrizd az örök boldogságot, a régi kis hajókat,
Őrizd a halálodat,
Szent Ferencet és Vajdaság visszfényeit,
Amitől megsötétült szívvel megremegsz.

Van egy régi ének:
Ami síró fájdalom, hamvas koporsó.
Koporsó és tékozló fájdalom,
S a megrohanásban napot hoz a változás.

Van egy régi ének:
Rózsát adj, örököst teremts,
Minden Jót akar, de a semmitől nem kaphat,
Őrizd meg a hajókat, az örök hajókat,
Őrizd a sárkányok koporsóját!

Super-146000

2020. március 31.

'Őrzi a gép.)

NE LÉPJ MEG

Magamat, egy férfit, ahogy van, úgy el is feledtem
Csak azért, hogy lássa: mi a türelem, mi az öröm!
Mert meggyötör, meggyötör: tőle reménytelen
Álom-nap ragyog.

Én nem tudok a jóról,
Nem akarok annyit, hogy a pusztát elhagyjam,
Az eget, a földet, a bút, az őszi csendet;
Ugyanazt diktálom magamban:
Egyetlen életem, egyetlen halála,
Egyetlen öröme, egyetlen ára!

Super-146000

2020. március 31.

KESERŰ, SÖTÉT ÉLET

Oly nehéz a nap, hogy az egyensúly sír:
Elvesztettem magam – mondta –, és
Meghúztam mindenestül.

Úgy vagyok,
Mint ahogy hitted,
És ha ezt hallgatod,
Nem nyugszol meg soha többet:
Szívem, szívem, szívem
Oly gyönyörű és oly örök.

Super-146000

2020. március 31

HÉTVÉGI RÁCS

Kibontakozók, emlékezők,
Házak, fák, temetők,
Hó alatti emlék-sírnál,
Kik nyíló ablakot ráncban,
Ládában, kórházi korzón
Lőnek fel, álmélkodva
Éj-napjaikon.

Nekiállok az ajtó-süveg
Mélyének, ő tágul:
Minden rejtek zárva.
Vas-meleg homályban
Ülünk a hideg vas-mezőn,
Mintha fölfútt nagyvárosi ház
Téglalap-szerkezetén
Feküdtünk volna keresztbe.

Super-146000

2020. március 31.

SZILVAVACSORA

Aki kivallat, és
Színezüstért ad súlyos éjszakát.

Súlyos és veszélyes pillanat;

Aki testével szelíd távozást,
A szívében lázongást keres.

Aki alkonyatkor a kertben
komor, borús esti szelek
felé izgul és kiabál.

Egy oldalba rejtem sok gyönyörű napot,
Már minden oly messze van,
A lélek is oly messze van,
Mint álom az álomban.

Super-146000

2020. március 31.

SOK ESETLEN ÚR

Az utcán szomorúbb a hold, a pusztán
Az akasztófa takarva már a földeken,
Ott ül a fehér takaróval a telihold.

Gömbölyül a nedves ősz, kimossa bőröm,
Déli útra csábít kedvvel a búvárlegény,
Nem rándul meg, aki kicsíp, zsebkendőm lecsordul,
Húsz éve hallgatok a vérszagú szélmalomra.

Végtelenbe görnyedek, hallgatagon lebegő
Végtelenbe búvik át a gáz, mely lassan eloszlik,
Kiapadt állakkal zuhog át a kopár zivatar,
Mintha csak a kislányok ülnének itt át a vászonra,
Nagy sikolyokkal, hangos dübörgéssel igézem,
Újabb váltásokon járkálnak, égő szemekkel
Vakulni kezdenek, rájuk hanyatlik a félelem,
S tisztára jó tájképet, szúrós fűszálakat
Dobálnak felém a szűkület csendjében, az emlékezet
Kristálytiszta, lángoló domborművében.

Super-155000

2020. április 1.

A RUTÍV HÍVŐK

A kúriánkban lakunk mi,
S jó anyám lakik ott fenn.
Rászolgálunk és mulasztunk,
Virág terem e helyen.

Mert mindnyájunknak szerelmét
Úgy köszönti el Isten
Hogy igaz szerelemmé válik:
Ez a mi számkivetettségünk.

Itt ülök köztük és alszom.
Fakasztjuk fejünk,
S megelégszünk egy dallal:

Elhoztam hívők, ártatlanok!
– Óh elhoztam a jó hazát,
Bizton és egyedül,
De félek, hogy elvesztettem sorsomat,
Hogy boldogok de üresek vagyunk...
– Meghal a magyar, ha meghalni kell!

Super-155000

2020. április 1.

(Komment: Ha a Downtown Abbey forgatókönyvét
Vörösmarty írta volna)

A NŐKÉRT

Kiért fáj kedélyem félelmesen,
Mért szánja szívem árva kétely?
Azért voltál árva, hogy vérző feleségbe
Szökve megbüvölt csókjaid közt édes
Bájaidra rátaláljak szabad
Csókkal, melyekkel más is öledbe szállt?
Miért hallgatok félszeg imára,
Mely rád csókol majd, ha teheti?
Szerelmem hölgye örvény a bús, kábult
Esti csendben.

Oly hiú és oly tiszta szemednek
Édes igéje alatt mit se hallva
Úgy álltam és vártam érzeményednek
Édes szétfolyóját, mely hullva ölt meg!

Kifogyó reménye ez a tiszta szavaknak,
Kiszíttad előttem a vágyaimat.
Visszavonom kis szűzi fejed,
Visszavonom meg nem kötözött lelkemet.

Super-155000

2020. április 1.

VALAKI

Valaki nem örül az ajtóknak és ablakoknak,
Tükröt küld az utca és jajgat a vén torok.

Nem riadunk nagy érzésekbe,
Sem ködökbe szálló bús karosszékbe.

Fél a harc a holtaktól, és ő tudja, hogy
A mi lelkük csillagképekkel van tele.

Minden ember bátor, és örül, és mosolyog,
Nehogy nagyot mondjanak a halál-müvek.

Super-155000

2020. április 2.

(Komment: Lassan elkezdhet publikálni irodalmi folyóiratokban.)

VALAMIÉRT EGY LEÁNYT SEM AKAROK

Valamiért egy leányt sem akarok,
Csak megcsókolom a kezedet

Te vagy a vakító fekete folt,
Szívemben mezítelen szined
Ott segít majd, ha támadsz is velem,
Majd hárítjuk egymás nyakát, ha fölnézünk!

Valamiért egy leányt sem akarok,
Lehúzza alattomos fejünket a szél,
Köhécselve hallgatom.

Super-155000

2020. április 2.

MEZÍTELEN HOMÁLYBAN

A kellemes ég alkonyattal
Puha fénnyé emelkedni tért,
S mint régi szobor, lecke kélt felém:
Oly édes most lehajtott fejjel
És félelemmel szivem,
Csak az arc, csak az a kebel,
Csak az a szem, csak az a kéz

Mit ábrándoztam a képen,
Lágy mosolyát elrejti,
Mint az örök békejáték.
Csendes arc, elszánt, szemtelen.
Oly szem, mely vakít.

Super-161000

2020. április 2.

HAJNALI VÁROS

Hajnali oltárként működik
Az út, ami mozdulatlan.
A város az ősi folyó,
Szántja föl a régi folyót.
Közepén él, szenved időre,
Világjáró, rokonom.

Hajnali oltárként működik,
És mikor nem kísér folyó,
Szántja fölöntött pénzeit,
S mint a nyáreste friss esője,
Nyílhatnak benne virágok,
Leveleit a szél előzi.

Ha istened van, ilyet nem tehetsz,
Azért van megírva, hogy te légy
A nyári nappal gyámola: dél,
Vigasza a gazdag és szomorú föld,
Hálója a cél és a pénz istene,
Megtörve új, habzó ifját tengerén.

Szántja föl az éjjel a zsarnok életét,
S azon át szájával átlép a város:
Szent háború az új év eltemetése,
S nemzedékek maradtak itt, s az évek.

Szent, dicső idegen volt az élet, a halál,
S ha csak egyszer is megélne e közös tájon,
Melyen a végső tiszta lelkek ugrannának,
Megélne a hála-könnyük, a kenyér.

Super-155000

2020. április 2.

EMLÉKÉNEK

Halld, Uram, most az összes képemet,
Abban örökre itt állok már,
Mondd el szépen, ami nem megy,
Hazugságok és hűtlenségek
Bálványát hozom magammal.

Képeket keresném,
Tömjénnel és más, szomorú szóval,
Mely büszke önkénnyel nyomja
Emberföldemet és az embert,
Melynek céljait most végig kell látni,
S oly szépen kéne szállni szét.

Haldokló, ki miatt a tömjén
Oltáron, álmokon, ha tűzön,
Lángokon, fényes, ám tiszta fényen
S világokon átsütne, bújna.

Super-161000

2020. április 2.

VÍZKOVÁCS

A jég kerekét feszítik,
Orral baszol,
Fogod a pofád,
Utána a torkod elnyomod.

**Bámulom a szemem,
Hogy milyen ámulatos,
Csúnya, személytelen, fekete:
A faszomba megyek.**

Mindent eladok,
A pinád is áll,
Mint egy kurvabál,
Ha kifacsart a májad.

Hogyha rám hullsz,
Lószart se csinálj,
A segged szopják a szállodában,
Hogy beledöglesz,
Na ne késs el!

Titkolom a kurva anyádat,
Miért bámulsz így rám?
Talán mert elég erős vagy,
Mert beledöglesztett májdonság?

Oda a faszod,
Egy szemét világító tarokkba,
Le nem buktat engem,
Mert beledöglesztett, beledöglesztett májdonság.

Ritkán szólsz róla,
Csak törölközöl,
Amitől kétségbeesve elveszel.
De ha mégis beledöglesztett volna
A szádba, ezt is, azt is megbasztad volna.

Évek óta
Minden szobádban
A faszomba megyek,
A kurva anyádat
Elbaszom vele.

Super-161000

2020. április 2.

'A megtanult dalszövegeknek nyoma van)

KÉPZELT PÁLYAMOR OLVASTA A LELKECSÉGET

Nem tudtam én, mikor pályáztam
Térdre borulni a nyertesek közé,
S nem is a harcos nép csőcselékéért,
De mily édes igazságért,
Isten teremtőjéért,
Hogy végre sikerüljön számukra
Lakosztály-derengeni!

Csak egy percet adjatok
Erényesen megbocsátani
A mártír, a bolond hitvallást,
Hadd hódoljon nekünk a tisztesség,
Hogy egy kicsit munkára fogjanak,
Csak egy percet adjatok!

Éljen,
Éljen,
Ahol meggyógyul a szegény!

Super-161000

2020. április 2

Korpusz - 2020. április 3.

Ami a legtöbb olvasót elborzasztja: <u>poet.hu</u> crawl hozzáadva, de **a helyén súlyozva**, külön kategóriában.

Összesen 170 MB új líra (237 ezer vers), ebből 40 MB (50 ezer vers) kiválasztva tanulási ciklusonként. Ez egy idő után majd minimálisra csökken, de ezt is ismerje, ez is magyar irodalom.

```
Snippets pool:      237122 (166MB)
Snippets pool:       56971 (43MB)
Snippets selected: 52994 (40MB)
====================
Lira done: 88 MB
```

Összesen 88 MB líra / ciklus

NYÁR

Egy izgalmas fénysávfutás
A szem, a mélyben lát,
S fölötte – mondják – megpihen,
Minden előtt a nyár,
És minden előtt ezt
Érzi az égbolt,
Ünnepli a csendet,
A fájdalmas időt,
Háborút, Istent.

Álmomba vonulnék egykor,
Sorsommal vonulnék,
Nevem mondják: itt vagyok,
Nevem mondják: ott vagyok.
Szörnyen járt a föld, már
Túlélte az élet,
S míg a sötétben, kétségbeesve,
Lelkem visszafojtogatná:
Mondják: itt vagyok, itt!

Állok itt tétován, csak
Nézek, hátratekintek,
S ahogy gondolkodom,
Az ősz rámmmozdul,
S a fű, a kő, a rétek,
A tél, a nyár támad:
Börtön, béke, büszke lég.

Super-180000

2020. április 4.

A HARMINCKILENC ÉV

Rendületlenül maradok,
Kettőnkre nincsen határ,
Eltévedtem, s elmentem
Áldott, zöld tenger bársonyán;
Fájdalom-szorozva
Szálljon ránk a düh,
S légyen, tégyen, észrevétlenül a harminckilenc évben!

Harmadik emelet
A nyugalmas, mennyországi utcában,
Felséges főurak a nap után,
Jobboldali parasztok,
Hadd lássák: kitörték a jó újságot,
Elárulták a barátságot,
És az újságot, mint a kenyeret,
Az ablak mögül a szülők
Nézegették őket,
Majd meglátták: közöttünk
Vannak, akiket gondoltak,
gyalázatos, hatalmas csodák.

Super-180000

2020. április 4.

CSAK ÉN MARADOK

Csonka, érett, friss szavakkal,
Csöndes, fehér fellegekkel
Hóvihar zuhog,
S a vesztő vihar árján
Oly messze-messze lebegve
Áll az élet.

Kék nekem ez a földi,
Szomorú és sápadt alak,
S áttetsző vállain kigyúlnak
Ezek a fellegek.

Már csak csend van,
Szó, dal, átok, születés:
Nem érdekelnek,
Nem jó ez az út.
Nélkülem, ha látlak,
Nélkülem, ha értesz,
Mélázva borulnál reám
Fehér felleg.

Super-180000

2020. április 4.

NE CSÜGGTS

Én vagyok én,
Egyetlen ember,
Akit a nagyfiúk a csillagokig emésztenek át,
S áldott szavad hallgat:
Ha majd látod síromat,
Nem jön többé már soha más,
A múlt emlékében,
Kérve kérlek, ne legyél
Rám dühös, ne állj háttal!

Szívem, kések, dörgések,
Édes pórusok,
Dicséretes harsonák,
Habos szavakkal játszanak.
Áldott lelkem, édes vidámságom,
Boldog bátorságom,
Lélegzetemen át
Egyszer megvigasztalódjál!

Super-180000

2020. április 4.

ŐSZTAVASZ

A koszorús szőlőhegy tövében
Babonás lépések sebein át
Hallgatta a csönd örömét az ősz,
S álmoknál szebb tavaszt zengve átragyogott.

És egy kicsi ország támadott ott,
A sírhalmokon a szél kigyúlt:
Az ősz játszott a fátyolkötéllel,
S a hős a csöndes csendbe halványodott.

Átsuhant a téren, s az öröm szivében
A táj kis fái aljára ezüstöt szitált,
S aludni ment a völgy bokraival,
S a fák magasból jövő kétségeire hideg követ falt.

Super-180000

2020. április 4.

MAGÁNOSAN

Szőlővesszőben
Nyúlok a rózsámnak,
Künn ezüst csíkos tóban
Általunk gyültek,
Minden messze lát
Valaki minket.

Többször is földre hullnak,
Mind azt sóhajtják,
Akinek meghalt mind,
Aki nem talált.
És hogyha már nem kellett,
Egy talpnyi virág:
Ezüstös a szívünk,
Ezüstös a szájunk.
Virágos ajkkal
El nem virítunk,
Mert körülöttünk
Egyikünk halott.

Super-180000

2020. április 5.

A HATTYÚDAL

A híd közepén,
A híd közepén,
Sok láb, sok páncél,
Nyöszörgés, félrevonulás
És zuhanás, átkeleti gyászütközet,
És zuhanás, tágulás,
És zuhanás, tágulás
És zuhanás, visszafelé:
A Földtől magasba,
De még mikor elhagy
Az alkonyatra fent,
Az alkonyatot
Az éjjeli fátyolföld,
Ránézésre még félhomályba jut:
Te, nem szolgálhatod!

Super-180000

2020. április 5.

CIGÁNYKÁMRA A HÓ

Hé! a lombok már gomolyognak a számban,
A fák tövén is
Lélekzet kanyarog,
Hogy rálehelje
A völgy fölé csapzó fájást a vizekre,
Mert akkor még nem sírt a nyúlszívü!

Hé! a lelkem helyett is,
Búk emelkednek szívembe,
Hogy eltakarja,
Ha fölajánlom, hogy sírhatok.

Hé! az egész világ
Hervad, mint a könny;
S szívemnek fölajánlom,
Hogy könnyelmüen éghet minden könnyem.

S örökre örök:
Valót adok
Minden fájdalomnak,
Hogy meghallgatom,
Hogy elviselem.

Super-180000

2020. április 5.

FÖLDALATTI JELENBEN

Mint márciusi szellő,
Ugy kúszom föl hozzád,
Szeretlek téged,
Vajúdik a föld alatt
Pusztán és kevélyen.

Nincs a nappalban,
Hol életre fúvják
Múltat, jövőt, s jövőt;
Nem tudom, hogy hű leszek,
De úgy itél meg engemet.

Szeretném akkor
Megköszönni föld alatt
A harag lángját,
Lobogó mécsest,
Szép tavaszt!

Kis cseréped
Szent lobogóját,
Arany ékszerét,
Kékszeme sötét
Tollát, ezüstöt,
Büszkeségedet,
Az arany ékszert,
Mely ott alant,
Szárnyalva, mint
A mi fényünk:
Földalattin állt
Szüntelen,
Alant, mint
A fáklya,
Mely az égen,
Megborzongva,
Bárányt látva,
Kinyitná
A fáklyát és
Jövőt!

Super-180000

2020. április 5.

MENEDÉK

Hajnaltájt
Múlt a tél
És ha tél volt is, akkor már sötétség volt az élet.
Tavasz volt. A fagy csikorogva
Dőlt át rajtam és sírni kezdett.
S szorongva búgott a tavasz a síró felhők felett,
Oly féltőn, oly féltőn bujt el a mámor
Csontja fölött, mint a kis csapzott medve.

Super-180000

2020. április 5.

LEÁNY

Oly édes kis leány,
Oly csókos, és oly édes,
Ráhajlik egy nőre,
Ott fekszik,
Nyulakat csókol,
Teázik,
Tündéreket mász
S fürtje felett
Rózsát mos.

Super-180000

2020. április 5.

A MAJDASZÖVETT HALÁL

Dől rám, előttem a gyáva nép,
S mint mikor a cinkék
Ott állnak, meg-megállnak,
Tüzet rántanak, felrepülnek,
Bármerre fordulok, fölrepülnek:
Sűrűn járom őket.

Lélegzik a föld, elborul rám,
Köd kavarog köröttem,
Sincs senki, nincs senki,
Ki ezt a halált lőtt volna.

De az utolsó földi éjszakában
Felszállok, nyögve lépek,
Folyton-folyvást elszomorulok,
Eső után újra és újra köd kavarog;
Jön a rengeteg,
A múlt, a jövő: Én, örök.

Nézz rám, te csillag, csak az időm jön,
Nem egy szakadék előttem,
Szárnyalok egy révföldre,
Gyorsan fejlődve:
Már-már belekóstolva
Sem hátrálok, csak a múltak mérik a lelkemet,
Csak az első halál.

Super-18000(

2020. április 5

VAN-E? KI TUDJA?

Nincs út, nincs határ,
se jó út, se gonosz út.
Távoli gép,
közeli nép,
távoli szellem,
se gazdag, se nagyszerű.
Vagy csak, mint földi ágak,
vagy a távoli világok,
kísértek bárhol
csak tehetetlen állatok,
vagy csak az égő határ,
a fekete, sárga,
haldokló szellem.
Távoli út,
távoli határ,
távoli öröm,

sok a jó,
sok a rossz.
Távoli gép,
közeli nép,
kisértek bárhol,
csendes élet,
dolgos gazdagság.
Távoli gép,
távoli határ,
távoli út,
távoli gazdagság.
Távoli gép,
közeli nép,
távoli határ,
távoli öröm,
sok a rossz.

Super-180000

2020. április 5.

200 ezer

GYERTYA, ÉBREN

Gyertya, ébren
S szívem
Szürkén, párnán hordott
És
Szólított sorsom,
Mégsem vonzott, mégsem
Vesztnek sorba fényt,
Nyugtalan
Felhők mögül
Fonódtak a fák;
Szememből könny gyűlt,
S mint a láng
Éreztem magam
Szabadon, szabadon!

Kacagó párom
Éber, illatos tó;
Sóval teli,
Szerelemmel teli bársony:
Bőre lehellet.

Szállj, szívem szállj,
Egek nagy rakétája!
Aki néma, szomorú legény,
Kapjon örökké zenélő,
Világválasztó, csókot és vésőt!

Super-200000

2020. április 13.

SZIROM

Ropog. Foszforeszkál, ropog;
Szirom: ropog a szirom.

A költő a Hargitán
könyvelte így el magát,
Úgy érzem, hogy áll még
ez a könyv is, s a lelkem
Kebeli ködlapát.

Május: fehér hajnalon
Nézem az ajándékot,
Az érzelmes szeretetet,
A gyermekeket és nőket,
Édes testvéreket,
A boldogokat és a szenteket,
A bűnösöket és gazdagokat,
A dicső és becses szeretőket;
Lelkünk oly mélyről ver szét,
Mintha rám a tavasz könnye,
Mélán szállna, mint fűtetlen ég.

Hajtsatok fel, szabad őszben,
Hajtsatok fel a tavasztól,
Hajtsatok fel szabadon!

Super-200000

2020. április 13.

(Kissé Pilinszky)

[magyar társadalomfilozófus]

A lényeg az, hogy az ész különféle diskurzusait a tekintély ellen használó embercsoportok ellenhatalmat jelentettek a korábbi modern társadalmakban (nem „egy véleményt a sok közül"). A „csönddel" okozott szörnyű különbség sosem tapasztalható, még csak elő fordulhat, hogy a személyiség olyan mélyrétegben gázoló helyzetbe jusson, ahol a gyűlölet is kicserélhető. Ezért persze elméletileg bármikor szemet hunyunk.

Talán az igazi kérdés a képesség fejlesztése, a demokrácia, ami a modernség esélyét élteti. A masszázs konzerválódása, amit a rendszerváltás után történelmileg rendezetlenül alkalmazott a társadalom, az kevésbé jelentéktelen. A „jóléti felszabadítósdi", anélkül, hogy csak a demokrácia irányítaná választási lehetőségeinket, képtelen fizetni érte.

Kétségtelenül ostobák is vannak, és a destructálásban is különbözőképpen vannak. Mert az istenkáromlásban például azt reméli, hogy bekerülhet az adott rendszerbe, de csak nehezen fogja fel, hogy ez nyilvánvaló veszélyekre vezethet.

Ez a társadalmi normák véghez közelítése. Szétválasztásukra építették ki a következő valószínűségeket: „hatalmi megkülönböztetés", „felhasználás", „kicserélés". A természet örök értékeihez igazodnak a mesterséges másságok, köztük az örökösök vagy a szabályok megszűnése miatt még mindig aktuálisak, önkényesek. (A cél a lényeg, hogy bárminemű kétségek közepette az igazság közömbössé váljon, és valamit elkerüljünk. Vigyázzunk, ez csak magyarázat, amiben a fejlődés valamiféle „közönséges" látszat.)

A társadalom megteremtése óta a családtársadalom mindig szigorúbb volt, amit a még korábban csatlakozó kommunikációs rendszerek kezelésén belüli társadalomtudományi tekintély lényegének alkalmazása sem hidalhatott át.

Super-243000

2020. április 15

(próza kategóriára szűkített generálás)

Április közepe

Tizenkilenc vers negyedmillió tanítási ciklus után, a Super-257000 modellből.

EGYEDÜL

Halkult a harang, mély álmos szívvel,
Hangtalanul, hangtalanul.
Az erdő köztünk, egyedül
Kezdi el a végtelen utat.

Szív, mely hangtalan szólna már,
Szív, melyből tiszta vér csordul,
Köztünk az örök élet dúl,
Tekintetem a hulló csillagon,
Halkult az erdő, s én szóltam;

Tekintgettem a múltat, jelent,
Köd volt mögöttem,
Rejtett múlt, fájó sejtelem,
Halkult a hang, s én hallgattalak.

Super-257000

2020. április 16.

A KÉKSÉG ÓRÁJÁN

Hogy házamba lépsz, jó fiam,
Miként a vidékre jövél,
Ha házamba lépsz, jó fiam,
Kezed mindennek eleget ér.

Bánatomban télre vágytam,
Hogy utóljára összeszedjelek,
Fogvacogva léptem meg, vad szájammal,
Sok hegyünkre hulltak szelek.

Emlékszel? Fények bűvölődtek,
Dúdoltak a csendben a szirének,
Dajkáltak a csöndben, a vidéken,
Énekeltek a záporesők.

Dalolva mentünk tova, zsongott
A szörnyű élet-szabadság,
Hogy szomorúan és békén, szabadon
Halj meg, ahogy bír tavaszig a ház,
A vén ház, a pogány rög:
Börtönétől megriad minden asszony.

Meghaltál. Csak jönne már,
Jönne már a szívdobogás,
A bús halál, a bús halál
Az élők közt vidáman beszél.

Super-257000

2020. április 16

NYOMTALANULÁS

Földre nézek:
Anyám a hívó hang, ki mostanában
Vígan dúdolja, hogy szeretlek.
De megyek már, édes kicsi anyám,
Beszélgettünk ezerszer.

„Városunkra lejt a bús anyai szó,
A zöld mezőn, a kék ég boltjában,
S a város felé lejt a három, három,
Az pedig kék és fehér és arany."

Így, könnyezve néztek utána vissza
Kicsiny temető árnyai közül.

VISSZAPILLANTÓ

Száraz kenyér kellett a rossznak,
Csak a víg lány száraz kenyere
Kell a nyárnak és fűnek ere,
Csak a csók, melyből két szem lemegy,
Csak a szem, mely édesen kimondja:
Mennyből jöttél, szép nap alkonya.

Super-257000

2020. április 16.

AZ ALPÁR

Megtűrni a költészetet,
Majd a pénzt, melynek emlékét
Híven hordom, kenyérrel hordom,
Üres pénzt kapok,
Arany héjban,
Minden csókom,
Fogy a vállam,
Fogy a költészetem,
Övé a költészetem.

Vadak, visszafiatalok,
Sebezhetetlenek,
Vakolják és hízzák a csövet,
Véresen szikrázik a lant,
Szállnak éles szemű emberek,
De nem tudják,
Költők százezrei
Gázolni tanítnak.

Fogy a szívem és szabad:
Baktató könnyek és hosszú sírások
Kavargó, kifordított, kakkcsapásos színében
Görcsösen nézek a falra,
Hamis szívből hangzik a dal rám.

Super-257000

2020. április 16.

KÍGYÓSZÁRNYAK

Meredek tölgyfa árnyán
Kígyószárnyak lebegtek,
Meredtek le a földre:
Meghalt az ember sok-nyelvű nyelve.

Árnyak ütnek szerteszét:
Istenem, mennyi jajgatás!
Nyögés, harapás.

Hány erdő zúg süvöltve,
Hány karámból tört ló hörög,
Hány vágtatás:
Minden iszonyú robaj,
Nyögés, harapás!

Super-257000

2020. április 16.

NEM

Nem hittem benned, édes,
Nem csaltalak én téged,
Csak bújtam bele életem
Örök derűjébe.

Nem húnyt ki, az ég is
Borult mégis
Könnyem végig a régi,
Végső gyötrelmeken,
Nem volt, csak visszhangzott benned
A Tavasz húrja,
Öleltél mégis
Fagyos két kezedre;
Nem búsultam miatta,
Nem bíztam benned, Ismeretlen.

Super-257000

2020. április 16.

ASTENGER ILLATA

Zászlódalt köszöntött a rög,
Ágyam alatt, a kőházi pince
Krisztust dícsérő arany szobra
Fejemen fényes győzelmüket lelte!

Testvér: tűzben, vágyban testvéredül
Állok, és nem csapkodok már szét:
Érzem a rám szakadó súlyt,
Bennem, a vérben újjáéled a tűz!
Mert egy a vér, egy a győzelem,
És vér szítja már a végső menedéket!

Hátat fordítok neked, kihez szólni sem tudok,
Mert én, én csatára jövök, végső csatára,
Az éles láncra és vérködös fejekre,
Mint az emberméltóságú, meggyőző árnyak,
Melyek testére oltalmazódik a korbács,
Vért szavazok én is, mert végzetem szégyenszegő cél,
Az éjszaka felett, hol örök csatában megindulok, testvér!

Super-257000

2020. április 16.

ÉBREDŐ ÁLMOK

Veronikához
Szent Mihály lován
Felkel a nap.
Körül mélán,
Ködös, szürke homályban
Egy hős halad.

Körötte a tájon
Halkan kondul a hó,
Felkel a Nap.

Mélyen alszik az ég,
Mélyen álmodik a Hold,
Szíve halhatatlan,
A Nap is halhatatlan.

AZ UJ

A kertben árvácskavics -
Álomkerti rémlátomás
Álomkerti álomvíz
Álomkerti álomvíz

A dombon árvácskavics -
Szél nyögte a dombokat,
Fröccsent a fröccsent a domb -
Fény folyt az éjszakába.

Super-25700(

2020. április 17

KI? MIKOR?

Nézek fel a csillagokra
És azt látom: csillagok,
Nézek, látok és azt látom:
Színek... bútorok, szemek,
Színek királynőjeként
Járkálnak itt és amott.

Nézek és szemembe néz
A világ: nézek, és
Nem látok mást, csak angyalt,
Csak nézem, hogy hogy mosolyog
Előttem az élet
Szája, arcán rózsaszín -
Különös ajka édes-kerek,
Ölébe dőlten ölel!

VÉGIG ÉLTED VOLNA

Jégeső zúdul a tájra,
Ködbe mártott néma kabátba.
Szíved a földön megremeg,
Könny csordul a hóba.

Super-257000

2020. április 17.

FEHÉR LUCÁNÉ

Néha-néha nehéz, nyüzsögő
Csontomba vágytam kéjeket tapintani,
Édes izmok üres kis csontjait,
S egy éjszaka összekuporodott
Kezemben az elgyengült virág:

Néztem, néztem, hogy bugyborékol
Lassan a testem is... Arcom a harcban
Megnőtt: mintha lángot éreznék,
Fel-fellobbant testem belseje,
Éreztem, csak úgy visszakapcsol
A nyirkos porba, átremeg rajtam
Az élet, a halál, az érzés,
Hogy fölébünk tart a rettenet,
Moccan a távol, pattan a bőr,
Szétlövöm magam, zötyög a tőr,
Kezdem megint megelőzni, lábam
Kerekei közt megálltam,
S fölverte agyamat a rozsdás
Kötél, mely az ölemre görbül,
S előbukkant fejem, a zord.

Super-257000

2020. április 17.

ODA JÁRULOK, TOLLNAK A SZÁRNYAIM...

A szűzi fehér mélyiből
Egy arany színű kisgyerek
Elé szállt sok-sok ilyen évnek,
Édes, drága jó és jó,
Harmatos, drága szerelem.

Sok lány után pünkösd hajnala
Járta végig a várost,
Sok nagy pillanatban még az
Udvaron volt egy lány;
Káprázott, káprázott akkor is,
Mikor a fehér kis szobor
Meghallotta a himnuszt,
És meglátta végső csókját,
Mellyel fehér leánykát hintett.

Csókolózott ím, kis lány leány,
Még csókolnám is, még szeretném,
Csókolnám is, hogyha kedvesem
Nem lenne olyan mint a mesében.

Hetyke ördög volt, kis leányka,
Szentül hiszem, hogy a világra
Tudni kellett még a napnak
Áldása, csókjai után.

Ha látnátok azt az ártatlan,
Szép alakot, ki egy este végig
Ágyam szélére ült,
Most is vágyam lassankint rá emlékszik,
Róla, az ég, a föld,
A földnek illatára.

Super-257000

2020. április 17.

NEM MEGYEK MÁR

Hazám,
Kinek hazája: hársfa,
Minek fia: arany,
Cseresznyevirág a
Szavakkal fölszállott
Koszorúkba zárva,
Gyalogos lelkem
Két szeretője,
Hársfa-lelkem,
A Gondolat.

Kifogyok,
Ott belül
Jóformán
Nem marad
Más, csak a
Delegáció,
Mert megvagyok,

Mert csak a levegő,
Amit nem hajszol
Újra, ép
Ízt vagy rózsát,
Sőt, már csak a nyelv,
Amitől a rész
Igazán sokat
Szenved,
Mert megsebzi a
Rügyeket
S érzékeimet,
S nem marad
Más, csak az út,
Melyen jár
Régi és új kéj,
Erős és egészséges
Kéj.

Super-257000

2020. április 17.

IMÁDATLAN KÉRDÉSEK

- Istenem, - hányszor kértem: menjetek,
Árnyék és gyermek! - fájón tűrtem a választ, - de akkor: "Ez
a gyermekem",
Ki rám szólt: mi ez a válasz? - Gyerekek! Csak
Két szó - és megy a gyermekem... A gyermek
Mindent tett. Láttam - rajtuk át, végső titkomat.
Itt hagytak a szeretők, érdek-szeretők,
Az emberekkel tanácskoztam. Ne féljetek,
Ártatlan lelkek, ne szeressetek!

Csak gyűlj, gyermekem! Gyűlj, gyűlölet!

Válasszatok! Jövendő! Kérem,
Szeressen a gyermekem! Rátok!
Itt vagyok én - és fogják a kezemet!
Hogy most ne válaszoljak! - szent harag! - Hátul
Megy a seprű a földön, - ide - oda - oda
Nem látok senkit, csak egy madarat,
Egyhelyben ül - és megy, megy,
Széles e hazában végzi. De a kék
Gyermekszemekben látni a fényt,
A könnyű mozdulatlant,
Mely visszaváltja sok más megtört,
Egyedüli mozdulatát:
A rejtező vihart. - Visszavágom!
A fák közé, hogy a hegy
Úgy hulljon, mint a rossz gerle,
És éljen a gyermekem!

Super-257000

2020. április 17.

VIRÁG HULL

A tavaszt tőlem senki nem veheti el!
Szólj hát a tűzhöz: hív az élet,
Szárnyát a földbe szidni nem szabad,
Nem szabad, nem szabad, mert nem lehet,
Hogy ölelni, csókolni nem lehet.

Hisz a földbe annyi szép nyár égett,
Csak legyen hűség, legyen kéj, legyen puha,
S legyen öröm is még, ha kenyér az a
Húsvéti vérnek és minden egyedüli fénynek.

VÁROSKÖRBEN

Közeleg a kisértés: A gyönyörű városliget,
Mely utcákat bújtat, fölöttünk a zöld gyep,
Esténként a közelünkben büszke macskakövet
Rabolnak el, hogy ki-ki csírázva kövesse
Egymás szívét. Nyugodtan, szabadon repülhetünk,
Végtelen időben, és egyre közelebbi körhintákon
Vagyunk, melyek egyesítik álmaink mezejének
Elhagyott rendjét: odaérünk.
Odaérünk.

Super-25700(

2020. április 18

HOLDVANAGYON

Hold van: Sötét, sötét és fényes ég,
Óhold körül sötét de fényes ég,
És szállni röpül óriás feje körül,
S száll a csöndes csöndbe, mély gödrökbe,
Jajgat a szél, a földön jajgat, jajgat,
Zúg, süvölt a táj, s örvénylőn áthalad
A végtelenbe a messzi holdvilág,
És újra sötétül a messzi fény,
Száll a csöndes, sötét szívnek árva,
Holdfelejtett szavak holdgödrébe,
Az égbe, mely feketén ragyog.

Super-274000

2020. április 19.

Még tizenhárom vers

285000 tanítási ciklus után.

TÜNDÉR

Tündérnek születtél, veled
Együtt jártuk a megértő,
Önző szemmel átadott szöget,
S a lázas fejünk felett
Álló, szelíd magasságot,
Ahol a percnyi szerelem
Vágya is méltó öröm,
Akárcsak testünk: múzeumi
Eszméknek tündér gyümölcs,
Akárcsak testünk – meleg,
Ölelő karok ölelő karokkal
Találkoztak, közelből, múlóan,
Örökbe húzó, ősi együttlét
Járta végét, ami fénymágikus
Körforgás volt, véres verejték,
Parancs, ami kimondatlan
Kényszerűség volt, ahogy a kimondatlan
Moccanásra pattanó, részeg
Tündérlány is tudta, hogy
Csak a menekülő nők mulandó
Lelkéből sarjadnak e szavak,
Ő is tudta, hogy ez a vágy
Nem az övé, nem az övé.

Super-285000

2020. április 19.

JÖJJ, RÖPÜLJ, FALUSI TEMPLOM!

Isteni röptötök része legyen,
Hogy dögfoggal rág a végzet!
Embertelen tőrök vájnak,
Nincs menekülés:
Röpülj, röpülj, Falusi Templom!

Hallod-e a Templomban a csengő éneket?
Érzed-e még a mély sírás vad gyönyörét?
Ott, a falun túl sír a nép,
Nép, mi vérző, keserves szívvel rokon.
Sírnak, Úrnak üvöltő éneket
Adnak, végső búcsút, a keserves
Sáppadt katonáknak ünnepet!

Álmatlan éj az álmatlan éjszakán,
Mely sötétbe, messze visz az ég alá;
Erdők, bércek, mogorva fák:
Megesznek százezreket, rögökön, ég alá
Tüzeket lövellő öröm-vizek,
Harmatot síró örök háborúk.

Super-285000

2020. április 19.

PIROSKA-ÉNEK

Nincs árnyékod, napfény-ének,
Alkonyod se, csillagfény;
Alkalmi szunnyadás,
Alkalmi mulatás,
Csupa-csupa, csupa
Baráti rádió –
Mily könnyű hajnali
Felhőkre bontogatni
A szélfuvallt
Hópelyheket, melyek
Jó erős
Kapkodással hullnak
Nyárvégi kertet
Részegítő
Lélegzésig.

Super-285000

2020. április 19.

MAGYAR HAZÁM

Magyar hon: vesztett, elzárt hazája,
Magyar sorsa üvölt, sír, zokog,
Vad társak közt kihajtva, lázban,
Magyar zászló leng, lobog.

Super-285000

(!)

2020. április 20.

SZÖKÉS

Megérkezek hozzátok, rügyet fakasztók,
Mikor tavaszégből esőként
Fúj az emlékezés: őszintén kacagó
Szátok ágaskodik, s tán nem is elég
Az első harmat e gyönge zöld alól;
Mikor a kétségbeesett őszinteség,
Szerelemről, tiszta reményről
Hallgat végül el, s megérkezés sincs sehol.

A csikorgó meleg kályhának illatát
Fújja házmesterünk fülébe, még azt
Sem tudjuk, mit, hogyan, miután
A rábízott vaktöltény illatából
Kitért testünkkel gyógyul a világ: az emberek
Kicsit, kicsit egymás mellett, akár a
Sátorhegyen egy virág, hogy milyen
Esztendők számítanak a legtöbb
Erekre, öregekre, a mások
Helyére, körülöttünk élő emberekre, kikkel
Egyszer, régen, ugyanhányszer
Elkezdtünk együtt egy dalt, egy édes
Pillanatot, mint ahogy
Mindig vártuk egymást, közben
Eltelt a pillanat, közben
Eltelt néhány nap, amikor is
Növekvő emlékezetünkben
Kivirágzott a bágyadt szerelem
Ujjongó kényelemmel, egymást
Keresve, mint boldog emberek, hogy
Tudva-tudatlan ölelkezzünk egymáshoz,
S megmaradjunk végül egy percre
Boldogok, ha megérkezünk.

Super-285000
2020. április 19.

HAZUGSÁG

Milyen hazugság!
Elmondhatatlan fájdalom.
Te nézel reám,
Gayé, mikép a halál
Egy kis fiókjába költöztette
Szegény, megfáradt
lelkemet.
Nem érted,
Nem érted, mi bánt.
Te sem érted,
Mi fáj.
Most szavaid szárazon
folynak
Homlokom fölött,
Reménytelenül, homlokom
alá.
Milyen hazugság!

Nem tudom, miket ígér.
Egyre kevesebb szeretetet
Ad nekem ez a hazugság.
Kérem szépen
Az életemet,
Hiszen jól esik

Téged újra és újra
megismerni, s fogni
Egy méltóságos
naplementét,
Azt a tavaszi kis árvizet.

Ó, hogy szerettelek!
Jó volt veled lenni, jó.
Jó volt veled lenni
Éjszakánként.
De ritkán látjuk egymást.
Csak a jó s a rossz
szeretetét
Próbáljuk kicsit magunkba
rejteni.
Csak egy ember,
Emberségében.

Super-28500(

2020. április 19

FÉLELEM

Az asszonyt félelem borítja,
Az esti csöndben suhanva,
Lélegzetének hulla szaga,
Titka, lomhán száll a térben,
Emberek ítélik tévútra,
Sötét ruhába öltözve,
Lomhán gomolyognak a gondok,
Csontos kezén egy ér reccsen,
Szikrázva tüzel az erőszál,
Csillámló, átkozott vesztében.

MÉG EGY ÓRÁT

Aki küzdött, aki félt,
Aki élt és tett, aki hitt,
Aki kért, aki hív,
Aki követett és üzent,
Aki azt mondta: – „Élek",
„Megtagadom az én Énem",
Aki a maga mélyén ébred,
És új tereket keres.

Aki maga nem ért semmit,
Aki magát magának mérte,
Aki magának élt
S maga sem érti: „Élek"

Super-285000

2020. április 20.

VÖLGYED

Völgybe érkezem, válladra, csípődre,
Zokogni könyörgő, fájó szívvel,
Míg gyávaságom ki nem telik.

Megindulok, itt maradok,
Megszédülök, állok, szállok, járok,
Függönyt üt a tél, villámlik, hallom,
Jön a háború, álmok, vágyak foszlanak,
Feketén izzik minden, tör felém
Világítón, húsban az öröm,
Gazdám, ember, szülőm,
Elhagyatott, alázatos szolgád,
Őrzöm.

Super-285000

2020. április 21.

ÖSZTÖNÖN KÍVÜL

Ösztönön kívül még létezik
Saját látomás, kis mélabú,
Az Egyetlen, mely sohasem elégül.
Vas, költői és népies értelemben;
De mindezeknek egyforma sorsa van:
Megölelve, lehunyva és -
Ha nem ölel ösztöne - szinte
Felbőszítve az Egy, a kis lény,
Összefogódzni jön, örökké.

Költő: Gondolat, ami ott történik
A Külső Értelemben,
S érzem e titkot, mely mint nagy átok,
Felbőszíti az észt.
És ösztönösen mondom:
Összefogódzni jöttem, örökké,
S nem tudni mivel.

Super-285000

2020. április 21.

SÖTÉT IMA

Átkozták, ki haláltól ily szépet,
Szent honfitól hős véget elválasztott.
Gyilkolták, vérével védték
A hitetlen köznép tüzét;
Gyilkolták a férfiak, árván,
Mint eddig élt népünk, büszkén
Elkergették vad korszakokba, vad
Árulások lélektelen falain;
Átkozták a rabló, léttelen nyelvet,
Melyben lélegzete öltött testet.

Önmagának kedves üdvözülete volt:
Míg így lett, fölébredt a fáradság szemében,
És várt rá, hogy mondjátok: áldjon meg,
Kérlek, adjon szállást
Az örök sötétség, s ekkor lelkét szent
Titkába önté vérével az emberiségnek
A bölcs, az Isten.

Super-285000

2020. április 21.

(Ossian?)

POGÁNY

Lepke-réten, erdő-tetők sötétjén,
Végig a Gyulán, ezernyi vár
Avarszőnyeg-sarka mentén,
Vesztőhelyen, a fák között,
Éjszaka máglyatüzet gyújtanak;
Reggelre visszaölel a láng:

Szemben a harangokkal szikrázva fon
Égzengő lángokat, lebeg a füst
Az erdőtűz új lüktetése előtt,
Hóba mártottan, kötötten, sebzetten,
Megtörve, oltáron.

TÉTOVA

Újra és újra a csönd.
Körültáncolja magát a kicsi madár,
Távoli némafilmekben
Kering, csak kering a szürke semmi,
Csontba vágódik a föld:
Csend, mélység. Csend, mélység.
Magány.

Super-285000

2020. április 21.

Címadás

A SÖTÉT IMA kapcsán felmerült, hogy a címadása milyen úton jar. Régen a címadás sokkal véletlenebb volt a generált vershez képest, talán a kisebb merítés miatt.

Azt hittem, hogy a SÖTÉT IMÁ-t plagizálta, ha máshonnan nem, metal dalszövegből, de kiderült, hogy nem. Eredeti.

A gép címadása javult! Ez a poet.hu-val is lehet összefüggésben, ami 4-5-ször nagyobb, mint a Hivatalos Szépirodalom, amit ismer (150 MB). A próza - ami falatokra van szedve - nem segít címadást tanulni.

Itt egy merítés egy 50 verses generálási ciklus első 4 verséből (csak az első pár sor).

"KŐHEGY

Sötét kőhegyet Készített a kiszemelt"

Találó cím, és nem zagyva. Annyiban okos, hogy a tárgyragtól elvonatkoztat.

"MENNYI SZÉP LETT VOLNA!

Mennyi szép lett volna!
Mennyi szép lett volna!
Égbe nyúló katlan,
Felhőbe boruló,
Mindig ugyanaz."

Nem zagyva, de nem is brilliáns.

"POZSÁR

Ez a te dolgod? élsz te,
kezd egyre nőni minden!"

Ez az egyik legkorábbi újmagyar zagyva cím, hiába tanult azóta, újra és újra előkerül.

"NEM KELLETT BESZÉD.

Beszéd az égvilágon semmit sem ért.
Ha verni kezd egy ütéssel a szived,
S minden sebet beforrásra kavar,"

A negyedik találó, nem zagyva es kreatív. Megérkezett a csoda.

Fejlődik, ciklusról ciklusra.

2020. április 22.

300 ezer

Fölött a tanítási ciklus, és egy áttörést is sikerült elérnem. *[nincs dokumentálva, hogy mi volt - 2022]* Messze még a vége. Okosodik.

Nem szerettem még így a magyar nyelvet.

BIRIZDÓ

Mert: akartuk, láttuk, míveltük, adtuk,
Tettük, bőrünkben vágódtunk, míveltük,
Jókat beszéltek rólunk, bár kacagtunk,
Magyar szavakat használni se mertünk!
Igazán boldogok vagyunk:
Igy énekelt egy magyar a nyáron,
Míg nagy dicsőségbe került a sorsa!

2020. április 22.

Korpusz - 2020. április 23.

Mától elkezdi tanulni a teljes magyar wikipediát (850 MB plain text, 480 ezer szócikk), ciklusonként először 63 MB-os szeletekben, aztán ha rögzül, egyre kisebb méretben hozzáadva a tananyaghoz.

FEKETÉBEN FEKETÉN

Elköszönök, elköszönök,
Vonszolom sápadt szemem,
Felhők úsznak agyamban,
Zavart némaságban.

Egy vonalnyi feketében,
Az én agyamban fekszem.
Egy vonalnyi feketében
Végigfutok csendben.

2020. április 23.

Super-303000

EMLÉKEK PORTRÉJA

Nem borzaszt, ha egy költő,
Az istenek szeretője,
Megszólal szempilláim alatt:

Én csak fekszem, s nem tudom, hogy
Csak hányadéka leszek-e
Egyetlen életnek;
Csak hányadéka a nyárnak,
Csak hányadéka a napnak,
Csak hányadéka a gyásznak.

NEM VAGY

Megbékülök az ég ölén,
Örök hajnalban élek tovább;
Megfogom erős kezedet,
S látom fennen
Csillámló világodat,
Mosolygó arcodat,
Mozgó szemedet,
Véres kezed,
Mint temetett virág szirmát,
Csókolom én sírod,
S zokogva hullok hozzád.

2020. április 23.

Super-303000

VELEM

Menyasszonyom, szeretem.
Ha megcsalta a gőgös,
Áldozatként kárhoztatott,
Ő mosolygott, Ő ragyogott.

Szüntelen szemétdombra
Sugarai nem valók;
Jót kínálnak
Szelíd ápolásra s
Szigorú halálra.
Jót kínálnak
Szelíd válásra.

Ily imákat
Választott bennem minden éj:
Hogy mi vagyok, mi történik,
Mi voltam én?
A férj.

2020. április 23.

Super-303000

IRGALMAS FELLEGEK ALJÁN

Ismeritek azt a szelíd nyarat,
A csillagfényes és tenyérnyi hold
Sugárzó melegének csókját,
Mikor fáradt lángszem könnyek peregtek
Egy homlokon, s a fájó titkokat?

A fáradt lángszem bánattal néz rám,
Mégis oly erős és boldog vagyok:
Egy utolsó szellőcske szalad velem,
Megborzongtatom az életem,
Megcsókolom a hulló csillagokat,
S azt mondom neked: Te vagy, Te vagy!

S azt mondom: Te vagy, Te vagy, te vagy,
És itt állok sírva, én, aki szeretlek,
És elmosolyodom, akkor is,
Ha nem vagyok, ha nem létezem!

2020. április 23

Super-30300(

BÉRCNEK SZÉLES SÁVJÁT

Emeljétek ki a sziklát,
Felém, és hírdessem el:
Bú, bánat nincs a világon,
Szólítsátok a bús magot el!

Ez így volt és így marad:
Szél fútt belém, vihar szakadt,
És vér, vér, és keserv maradt,
Vérrel rajzolta bűnös arcomat.

2020. április 23.

Super-303000

OVASÓ, MI VAGYUNK?

Hol a hely, ahol minden szép?
Mulatság és romantika,
Spiccek, stb. – az utolsó ház?
Vászon, púder, korpa, pisztoly?

Kevés az ebéd, de fő a tányér?
Pálcika, kocsi, mozgás, szaladás?

A ház, ahol végre hógolyózunk,
Ahol a fekete hollók nyávogják:
Helyettünk jön a világosság?

Mulatni egy nagyon szép helyen -
Hely, ahol senkinek sincs feje,
Mulatni egy más világban –

Egyetlen oda-vissza kulcsom van,
Olvasóm, csupán egy kulcs van:
Ez a magány, ez az élet.

2020. április 23.

Super-303000

Korpusz - 2020. április 24.

A mai naptól bekerült 5100 népdal is.

ALKONYAT

Fakuló nap nyomán,
Fázós és hideg kékség,
Szinte belehalványul
A kifakuló, végső éjjel,
Csöndbe ült tűnődéssel.

Lassan elém tárul
A régi-régi helyem:
Komoly, szürke gondolat
Az életből kitörni kezd,
S emelkedik, mint a nap.

Végül egyedül hagyva
Foszló szívemet,
Az éj sötét fényei
Kísértenek tovább veled.

Míg lassan felszínre török,
Elnémul az arcom,
Elnémul minden, ami örök;
Én ezt nem akarom.

2020. április 24.

Super-313000

BÉKE, BÉKE

Itt folytunk jámborul, szabadon,
És nem értettük a világot,
Százegymás népek fájdalmas hadát,
Mely romlott búzát, ős múltját itt hagyta.

Magyar földön gyökereztünk,
Magyar lánynak álltunk az útban:
Vért szagolt, fákat falt, új havat oltott,
Keze a holdat is fölszárította,
Egy csömörödött nép, egy parancsoló árva.

Lehajtom fejemet fekete zászlóra,
Nincs is nyugovásom, nem is érdekel
Sorsom, csak megbámulom búsan a temetőket,
Vándorbotom füstjét, a rámkövült
Halottak háborús közönyét,
Hogy ami belőlem maradt,
El ne veszítsem soha.

2020. április 24.

Super-274000

HASADNAK

A napos zöldellő ágak,
A **virág**os szép világok,
Melyeket én ma is látok.

Az ablakom előtt
Hasadnak édes **edény**ek,
Összetépem arcod, **cserep**esre tépem,
S a süvöltő szélben egymást váltja
Télre bátor ősz fürtökkel a nyár.

2020. április 24.

Super-313000

(ősz (évszak) != ősz fürtök)
(virág => edény => cserép)
*(télre váltja, bátor, ősz fürtökkel, vagy télre bátor, ősz
fürtökkel váltja? Vagy egymást: télre a bátor ősz, s fürtökkel
(termés) a nyár?)*

Próza - április 25.

Zsűri tüzébe kerülnek: Lándzsájukon a cukorka, az olaj és a szív szövete folyik kereskedelmi forgalomban.

A kezdeti években elképzelik a természetet, a kultúrának elsősorban ők maguk tartatják nyáron egymást: látogatnak egy-egy embert, az élvezetekre jellemző érzelmeket, az egekig érő gondolatokat. A közösség szerepet vállal a cégekben szelektíven résztvevő veszélyes helyek kialakulásában és lebonyolításában.

Ez a vívódás nagyban megváltozhat a megbuktatott keleti piacokon megmutatott újfajta helyeken is. Szerencsére nemcsak az iparosodást és a termelést, hanem a termőföldön lévő keresleti csoportokon keresztül a kereskedő értéketlenségét is érinti.

Hogy mindez csak négy lépésből áll, nem a piacokról szól: amikor sikeresnek bizonyul, a szolgáltatónak árnyalatos lények kellenek.

Amúgy szeretnék, ha lennének olyan helyek, ahol leférhetők egymással jelenek, az érzelmeket, a gondolatokat nyűgnek tekintik. Amikor az ugródeszkák, gyanútalan esők, föl-lejelnek a termőföldre és öntözni kezdik őket, a külső világ tisztábban néz rájuk, rácsodálkozva a szemekre, félelmet keltve.

Ha a lépések nyomán kisüthető egy szétdarabolt nyárdomb, véletlenül és szuperenzió útján kifér, nem teremt célokat, de szünetet tart.

A szabad ég úgy teremt kiterjedést, ahogy a társadalmi környezet alakul: az okos konzervatív gondolkodásra jellemző döntés, hogy valaki meghatározott érzelméit nem ismeri, csak legfeljebb elutazik a természetébe.

Super-333300(

SZILÁNK

Nyárfa, leány, lenge szél,
Enyhe árnyékok a tájon:
Szeress szilánk, szilánk,
Meleg békességgel az ágyon!

Én kicsi lányom, kicsi lányom,
Mondj el egy rossz szót, nevem,
Szeress szilánk, szilánk,
Ölelkezz, ölelkezz, ölelkezz!

Őrizz, amíg el nem feledlek,
Játssz nekem játékos szerelmet!
Gondolj szemembe sugárzó
Fényedre, igaz szerelmünkre!

Szeress szilánk, szilánk,
Jöjj el hozzám szép, köszönet nélkül,
Mert őrizzük egymást minden porcikánkban,
Jöjj el hozzám szép, köszönet nélkül,
Ha pislogó mécses lesz a nevem,
Szelíd anyóka ha ránk nevet,
Gondolj egy nagyot a halott barátomra,
Gondolj egy kicsit rám, szeretőm, szeretőm, szeretőm!

2020. április 25.

Super-274000

NEM IGAZ

Nem igaz, hogy nap-nap
után
Döglött béka peckes lesz,
Nem igaz, hogy fényes
bogáncs
Bakja tétováz a kézben,
Nem igaz, hogy szép szeme
tán
Boghatott volna a bölcsőn,
Nem igaz, hogy kutya ugat,
Térdéig a várfürdőn,
Nem igaz, hogy dalol a köd,
Csöndet a szerelmeseknek,
Sírniuk kell a füleknek
S felejtit a dalárdát,
Nem igaz, hogy szerelmesek
Közt alszik a napsugár,

S gyerekek fűtik a szobát;
Nem igaz, hogy a fákon
Piroslik a kalács,
Nem igaz, hogy a kutyák
Árnyéka ott van és a
Köd vize is ott világít!

Igaz, hogy a költő sokat,
odavalót, és sokat nem
gondolt
a közjóra, a rádrakott
rokonságokra, a szóra,
a képzelt s jóságos kígyók
könnyezésére, a szóra,
a hatalomra, a szóra:
a halálra, s a feloldódásra.

2020. április 29.

Super-337000

TŐLEM MÉG SOKÁ

Szegény vakarcs, meg se lásd, szegény;
Mégis oly lázadó lény! Oly
Kegyetlen, szerény: olyan vagy,
Mégis, ki engem e szegény
Világból
Sosem engedett volna el.

2020. április 29.

Super-337000

LISTÁJA

Fölül ábrándok: alig-szakadt
Képek, szívem zsongó zenéje
Hullámoz. A szeretet rabjai
Szárnyalják át testem és a világ
Lombjait, bölcsőjük zárt egén,
S arcom véresre festve sóhajtja
Föl önmagát, karom szinte
Sebzett vadász, félő, hogy
Mossa vállát, szemem, az elhagyott
Villanykörte elől óvatosan
Kilehelem a kínt, ami
Összekuszált képekre rakódik.

2020. április 29.

Super-337000

AZ Ő ÁRNYÉKÁBAN

Hogy szólna hozzád: fáj ez,
Nincs rá jel, könnyü lett volna,
A régi, és hogy azt se mondja:
Veled megyek, meg hát,
Barát, barát, barát! barát, barát,
Nincs megállás és nincs tovább!

2020. április 29.

Super-337000

TULIPÁN

Fáról hulló tulipán,
Fönn az égben vörös tulipán,
Vagy fehér és fekete,
Tőle az Isten öle meg se rezzen,
Az Isten öle le se rezzen,
Akit szeret, azt szeret,
S ha az Istennek fája ága,
Büszkén szaladna utána.

2020. május 3.

Super-337000

A SZÉNÁD

Amerre én szeretlek,
Azonos szép szerelmet
Mások is szereznek.

A sejtelmek ilyenek:
Valamelyikünk megbékül,
Míg a félreértett pillanat
Közbelép s ottmarad.

2020. június 30.

Super-337000

LUSTA MIHÁLY

A kerge pórnép szótlanul állja,
Miközben napszáma penderül,
És elámúl szép csendesen
Az őszi dér, míg a büszke tájra
Ütő ének szól.

Isten, vigyázz! – dörmögte vígan,
S ránksimult. – Tűzijátékod
Kegyelme nyilik, a semmibe,
Szivattyúd: a hideg s az esti
Lángokra, a tűzhelyen kívüli
Kárpitokra veti cipőjét.

2020. május 3.

Super-337000

LEHAJTOTTAM.

Összeragadt a derekam,
Záporként hull a fejemre
Saját törvényem,
Temetésem, térdemig,
Mit az élet elvág;
Rongyosból a mázsányi
Ló: Az özvegy
Magyarság csak mosolyog,
Derékon tülekedve:
Ökör! - Tekereg át fejemen
Az égbolt, örökkön-örökké.

2020. május 4.

AZ UTOLSÓ SZERELEM

Gyöngéden fogom a kezed,
Feszítem magam szádra,
Gyöngéden fogom a kezed,
Szájadra feszítem,
S lekopik lassan fejemről:
Álom, leszek a te álmod!

Fogom a két kezed:
A lábam alatt
A szád deres
A szád deres
A szád deres
A szád deres
A szád deres
A szád deres
A szád deres
A szád deres.

2020. május 4

Super-36500

KÉSŐ FORRADALOM

A forradalom mágnese, a legyőzöttek sorsa
Változatlanul, szüntelenül hagy s hagyja:
Szentül az akarat és a szeretet
Választ, mely a parányi csúcson túl földről súgja,
Hogy nem jön az ember az utcán, aki követ,
A szem, az égből, mely tárva-nyitva áll
Egyensúlyának a sarki éjszakán -

Így vagyunk mi, köztük, két gyerekkel, magam,
Két öleléssel, két zsenge szájjal, egy
sóhajtozással;

Én magam sem tudom, mért kiáltok földre,
Hogy végre hazajussak én is? -
Százezreken keresztül, hogy megfürödjek,
Amint fölöttem áll az éjszaka?

2020. május 4.

Super-365000

(!)

LAKOMA

Ha nyár volna,
S nyarunk volna,
Egyetlen pillantást hagynék
Rád az ablak alatt:
A ködöt, mi háborogva vág,
S én, a holt tündér, nyargalok
Pöttyel a homlokomon,
Eső hullik ránk,
Jobban látjuk,
Mint abban a fülkében,
Mint abban a háromszögletű kőben,
Mint abban a szívben,
Mint az őserdőben,
Mint a túlsó szemekben,
Ahol az örök éjfény átüt.

2020. május 5.

Super-365000

BÉCSI ÁLMOK

Álmosan üldögélek én, a városok tornyainak tetején,
Hallgatom lépteim neszét, érzem az utcai árnyak hullámzó
völgyeit.
Az égre szerelmes szél zörren, földrengés rázza a tetőt,
Hullámzó fejemben mély tátogás, tűnődés,
Túlzott földi látások, álmok átmenetele,
Egy lépés, és megszokott szavak százféleképpen,
Cinkosan látják a fönti csúcson fekvő,
Füstölgő szerelmesek poklát, éjszakai hóhér keserű, éteri
ölét,
Szívemben nem tudom őket kivenni a kertedből.

2020. május 5.

Super-365000

PIROSKA

Vannak aprók, vannak cifrák és díszítők,
Tömött márványok és díszítetlen,
Üszkös, szárnyas angyalok;
Itt épűlt fel életünknek
Egy kicsinyke csillaga.

2020. május 5.

Super-365000

HALK, SÜVÖRŐ SZÉL

Még a szél is csak halkan suttog,
Kábító szavak, süvörő szél;
Nem hallgat rám, nem remeg vissza,
Ha olykor egyik ág, másik fél.

2020. május 5.

Super-365000

CSAK AZÉRT, MERT ...

Csak azért, mert szomorúnak tűntél?
Ne vádolj, ne tagadj, ne komoríts!
Az ördögi-királyi palástot
Méltón szolgálják jó s rossz fiúk!

Ne lopj össze mindenfélét!
Mire téged komolyabb szörnyűség
Foszt meg, hogy rejts el fejedben
Hosszú, kevésbé reszkető örök
Munkát, magadból, csendes szerénység -

Vakon építs még új szépséget,
Fakóról lett őszi szürkület!
Égő talpánál folyj és járd el
Új híreiket a házi szerencse
Isteneinek: vézna köntösben
Ücsörögnek mindazok, kiket lelkek
E világon már elfelejtettek.

2020. május 5.

Super-365000

BOROS OSTROMAIM

Akinek elágazó vállait
E földnek egyetlen kézzel
Istenig én megerjesztem,
Szívemnek búcsúcsókéjjel –

Véghetetlen földi érzés
Bennem játszik, múltamból,
S csak annyit akarok mondani,
Hogy örömmel, köztünk lakozik
Mindaz a Földi, Földi kincs,
Amelyet látni én ismertem,
S örök életre törni igyekszem.

2020. május 5.

Super-365000

Wikipedia generálás

LENGYELORSZÁG

Lenyelország (latinul "Oroszország", németül "Beodain")
Lengyelország 20 tartományát alkotó község volt a Krajinai
szövetségben. A község 1956-ig a Zágráb vármegyei
Orozán tartomány egyik városa volt. Az önkormányzati
választásokat követően 1987-ben a város képviselő-
testülete a stájerországi Sára városával egyesült. Lakosságát
csak 1988-ban számlálták meg.

ZIK LÁSZLÓ (LABDARÚGÓ)

Zik László (1954. október 23. – 2016. augusztus 23.)
romániai labdarúgó-középpályás.

1971-ben a BKV Kubányi Általános Iskolájába járt, az 1980-as
évek közepén a Rudas István Gimnáziumba, majd a
nagyváradi Alla Tibor Gimnáziumba. 1970-ben három évig az
ELTE-re járt a román nyelv és irodalom szakon, ahol
nyelvtanári diplomát szerzett, később az MTK-n kívül
főiskolai szinten tanult német, angol, lengyel, szlovák és
román nyelvet. 1973-ban az egyetem jogelőd német
tagozatának játékosa volt.

2020. május 9.

20. század eleji próza

Őseim szabadságának története

Csodálatos, hogy történelmet írtam, és azt gondolom, ami nincs itt, az mindennel megegyezik.

Felnőttkoromban hosszú, bő évtizedekig lüktető életet éltem, melyben a piszkos, ősszövetségi évnek titkát senki sem értette meg, ám végül nekem az öröklét hálójának nevezett, nagy segítséget hozó értelem megteremtésére mégsem volt időm, ezért én választottam: ne tudjak róla való dolgot!

A képzelgő vándorlók valóságosan újkori érdeklődésüket hozták: a hazatérők számára adott életerősebb körülmények között számos jövőnk létezett, a történelemnek már nem volt erre szüksége, de az idő változása egyszerűen csak eltűnt belőlük, vagy nem tudták meglátogatni a szerencsétlenséget. Ha már egyszer jártam rajta, azonnal megnézhetem, hány csók érte a kötelet, milyen kellék, amelyikhez a műtőbe valóságos alkotásokat hoztam.

2020. május 9.

[töredék]

Soha nem bocsátod meg azt az utat, amelyre elindulsz, s benned gyökeret vertek le útjaid

A SEJTELEM

A rímnek olyan
Megnevezhető
Dolga van,
Bármely bájos rímnek
Lelke van,
Én is bármely
Lettem volna,
Vagyok is már oly
Bármely.

HOMOK

Egy kis oroszlános, barna világ
Ködkönnyel tarkázza néma határát,
Fekete dobozát, piros bokrát;
Habok közt önfeledt folyócska látszik,
Mintha mondaná: Ez nem volt szerelem,
Ez a feledés volt: Ez játszik, hajlik
A tündér életből, s szörnyü röhögés közt
Kikapják a leányt a kicsi szobából,
Hol egy szelid asszony is csupasz már,
És mindenki éhes, aki megevett,
Megfojtott valaha egy csókot...
Hej, fejfájás, szívig, érig, égig!
Csak kis mécsesekben ég még százezer évig.

2020. május 10.

Super-365000

XV.

Szomorú sorsom, szomorú sorsom
Egyszeri lelt, szomorú dolgom,
Mint a szomorú dolgoknak színe,
Mely elmúlott örök időkben.

Elmúlt a szomorú kín, mit
Tépni nem tudok, de szívemnek
A ti szép társatok az én népem:
Siratom, és nagy büntetésben
Róják föl, hogy van szeretetem!

2020. május 10.

Super-365000

TÜRELEM

Az életnek értelmét megtagadni
Könnyebb, mint harcban megállni;
Könnyebb, mint mikor szerelmünk éjjel fakad,
Mint halálra szállni kész, akad.

2020. május 10.

Super-365000

LELKEDET VILÁGOSBAN LÁTOD

Ne kísértő legyek néked,
Ne kísérj győzelmes halálra,
Ne kísérj éjszakonként,
Világos Csillag kék szemű lánya!

Ne kísértő legyek néked,
Ne kísérj nagy esküt tevőkkel,
Ne kísértő legyek néked,
Békességnek szent nevű fényeivel!

Ne kísértő legyek néked,
Ne kísértő veszély, kietlen pusztákon,
Én kísérjelek büszkén téged,
Mikor észak-európai ősöd láthat!

Ne kísértő legyek néked,
Ne kísérj fajtalan érzelmeket,
Leánykori szemednek fényes-édes,
Szomorú-szép mosolya miatt;

Ne kísértő legyek néked,
Ne kísérts, veszélyeket kioltó,
Igaz szerelemnek látszó álom!

2020. május 10.

Super-365000

HÓFEHÉR

Voltam már nagy
hegyekben,
Voltam már völgyekben,
Voltam már a gyepen,
Voltam már végtelen,
Voltam már szöllőkben,
Voltam már legelőkben,
Voltam már erdőkben,
Voltam már temetőkben,
Voltam már istenekben,
Voltam már szivárványban,
Voltam már harcokban,
Voltam már olcsó
játékokban.

Voltam már szép végtelen,
Voltam már élelem,
Voltam már földi rendben,
Voltam már örökre,
Voltam már sír, nélkülem,
Voltam már élettelen,
Voltam már tisztességes,
Voltam már békességes,
Voltam már igazságban,
Voltam már bűnös vágyban,
Voltam már bűnös fában,
Voltam már leányszobában,
Voltam már halálban.

Voltam már házam,
Voltam már tanya,
Voltam már asszonya,
Voltam már cipőm,
Voltam már nagy
tisztességben,
Voltam már bőrig ázva,
Voltam már búzamezőben,
Voltam már szívekben,
Voltam már megszállottan,
Voltam már tisztességtelen,
Voltam már bűnös
szerelmekben,
Voltam már szerelemben,
Voltam már életben.

2020. május 1C

Super-36500

SZÓLJ, SZÓLJ

Óh érzékenység, szólj,
Miként fogom majd a ruhád,
Régi barátom,
Szomorú dalod,
Vörös húrodon;
Sírása új tanúnak,
Mint hazám földjén,
Az új földi élet
Bánt engemet,
Hogy minden voltam,
S hogy már nem leszek;
Hogy majd megőrülök,
Búcsút mondok az életnek,
Hogy majd elhallgatok,
S tudom, hogy béke lesz,
Hogy én is fölkelek,
Türelemmel várom az végemet,
Mert tudom, hogy nincs, aminek kulcsa
Legyek, ami a szivemnek vágya.

2020. május 14.

Super-385000

HAGYJON

Kék szemekből csipkés,
Gyöngyszemekből piros,
Fehér szobrokból
Örök, fehér lobogó;

Ha szépen belekap,
A lelked feljebb jár:
Ne félj, az élők szíve
Visszahálál!

Jól van, Erzsók úr,
Nem segít már nékem ez.
Meg akarom ölni őt,
Hagyjon békét, hagyjon vereséget.

2020. május 14.

Super-385000

STB.

Ismerem már a nyelvet,
A leltárt, mit most tanultam,
A belső tömörülést,
A világot, melynek éppen úgy élek,
Mint az anyanyelvünk,
Ezzel mérem a kihívásokat.

2020. május 14.

Super-385000

A ZENE

Kiáltok egy zenetörténelmi borítékra;
Nem volt itt semmi: szabad volt az ének,
De szabad volt a víz is, a folyami sík is,
Mégis túl sok volt itt a lélek;
Nem állott ez már
A szürke bálba.
Bolond folyt e két szóra,
Mint százszor a muzsika szája.

2020. május 10.

Super-365000

NYUGALOM

Szavamra külön-külön,
Elég néhány vers, egy kicsi mondat
És egy törött moláris; nincs
Elég szabad társ, hát ki tudja,
Mit csinál a kettő: egyet a
Másikból vagy bármiről,
Hát a törött rímet nem
Bírjátok ki, hiszen
Te vagy a szerző.

2020. május 14.

SZÖKELLŐ, RÓZSÁS CSÓKKAL

A rózsakertben pihegve
Várjuk, mikor lobban be a hajnal;
Délben, a tó felett,
Szökellő szárnyú léptünk követe
A tükörből elébe megy.

Kezem között tompa, szelíd,
Jóérzésű kövek dobognak,
Hajamba szökellő nászút
Szelet fúj; menta, pántlikák,
Fönn, a tó felett átutazom.

2020. május 14.

Super-385000

VERGŐDVE

Ha ez beleférne,
Elfordított ajtód nyitva lenne.
Aztán te
Leszel,
Akinek vérébe fojtották kedvem:

A tölgysor a tetszőt
Fölírja, és roppant össze.

2020. május 15.

Super-399000

ÉGŐ POHÁR

Csiklandozza a füstölgő vért,
Ha ölelni nem remél;
Üt, vág, feszül, egyre kél,
S egyre várja, állna még,
Pohárba vág, a földön jár;
Tűnődik, s a végén dal száll.

2020. május 15.

Super-399000

ARANYBAN

Aranyban szeretgetlek,
Ilyenné tenni én szép hazámat,
Aranyból, egyetlenül, ami igazán
Erős.

Erősebb kezébe akarlak ajánlani,
De elvettél;
Belőled szeretni,
Én mindig ezt akartam,
Változni,
Hogy hazámat újra szerethessem,
De nem láttalak!

Aranyból építeni egy
Magas sziklát,
Aranyból igen erős az édes,
Új vért hajszoló, útfélen meghaló
Halotti szertartás,
Ég s föld közti elosztás.

2020. május 15.

Super-399000

(!)

ZÁLOTTAK

Átkozott lelkem - új nevét
Szél lesi, fenyő nem tapad,
Fogaim védtelenek, hó nem igaz,
Emberek zúgó, csupasz záloga
Semmit nem terem, s mi megmarad,
Jég sötétség - víz alá kerülök,
Ó, szennyes némaság.

2020. május 15.

Super-399000

EGY MAGÁNYOS PÁR

...S oly mély, az éjszakában,
Oly tér van: sírni, sírni,
Soha meg nem érni,
Újra meghalni, halni,
Egymagában lenni,
Sötét szobában ülni,
Fájó fejem lehajtani,
S a két kezemmel
Kezéhez érni.

2020. május 15.

Super-399000

(felnőtt)

SZÜRET UTÁN

Bolond, dús havak sóhaja ébreszt,
Pillangók, méhek tánca egy csöndes erdőben;
Minden izmom fáj, az akarat is elég lesz:
Szüret után, a fák koronája mellett
Szeretetünk fénye ránk nehezedik;

Szüret előtt, búzatáblák közt,
Boldog nap táncol meleg színekben,
S a rózsák szemén lobog a ragyogás.

2020. május 15.

LEVÉL A TÓ PARTJÁN

Vén nefelejcs - árnyékba bujó
Füstök az aszfaltban.
Bozontos az ég: hajnal,
Hajnali
Korhadt-fehér.

Egy fűrészelő ág hullt alá,
Az jött, csak a nyár,
Aranypiros,
Ezer-fehér,
Új-fehér.

2020. május 17.

Super-399000

NOVEMBER

Fák sűrű erdeje,
Alkonyfelhős, végtelen,
Csodálatos vize
Világot teremtett, világot,
Amit a nap teremtett világossággal,
Amit hamuvá főz a szél,
És az őszült természetet,
Mikor felhők haragja terjed,
Napnak és éjszakának közeledtét
Nyugtatja a tél.

Isten, ez lesz az ördögök tábora,
Te a cölöpök fia.
Buknak a fák,
Hát mind vénül a fa;
Tövük ronggyá tépve, közös körmükkel
Kapaszkodva várják a telet.

2020. május 17.

Super-399000

SZABAD

Nem hiszek neked, Isten
Nem hiszek. Ó, csodát láttam!
Fölégettem minden csillagot.

Nem hiszek neked! Hova lett,
Amitől félve rettegettem?
Fölnyitottam a szívünket, szabadon,
S szeretet nélkül mindent megtettem.

2020. május 17.

Super-399000

SZÍNEMBŐL

Színemnek
Fénye, hagyja veszni,
Jajongva kapja,
A lelkem földre hajtja,
Míg száll örökre.

Elkísértésünket
Kívánta, egymást ölni,
A fekete hatalom,
Teremtésével halhatatlan
Sír előtt nyomtalan
ledőlni.

2020. május 17.

Super-399000

(színem => fekete)

GÖRÖG KÚT

Esztergom felől,
Akác, akác
Ismeretlen csöndje
Őriz és kerülget.

De keserves itt
A te nagy csönded,
Az én végességem,
Mely az enyém volt
A végtelen ü>ességben.

Nyugalom és szeretet
Fölöttem az égben -
Ott jössz velem,
S egy messzi
Sírban a végem.

2020. május 17.

Super-399000

400 ezren túl

A MALOM KÖRÜL

Mikor dörög a rozsda,
Gyáván táncol a szívem
S egy nagy üveggel gondolok
Rá, kit ölelget a kéz.

2020. május 24.

Super-416000

ÁLMODOZÁS

Nyugtalan az álom, ha nincs rá hatalmam,
Ezért nem ijedek meg,
Ha hozzád küldöm üzenetem:
Így taníts te is engemet,
És amiként te is így felelsz,
Akként nem is kötelezel meg
Önnönnek földi életet,
Csak mert érted él e szív,
E fogható és életet
Kivánó, és tőled kapott
Földem, a tied, édes és igaz,
„Amitől jöttök énhozzám"
S hozzád kiáltok én is:
„Amit tűrök, és mért-műtlen

szenvedek, mielőtt még élek!"

Az ember azzal éli világát,
Hogy szavára élni érdemes;
Hogy ezt érdemelte, különbül,
S ezt érdemelte jobbnak is,
Hogy új és szép és tiszta és különb;

Hogy mindent megkaptál, amit kívántál,
S ami voltál szavaidban, nincs ott
Az ajkad mögött, ahol szavadnak
Egyetlen dolga is jót akarna,
Ha igazán megérdemelném;

S hogy vétkezni ne tudj, ne mondj, ne öljél,
Fertőtlenítsd magadban a szót,
Amit kimondál! Ha senki nem tudja,
Hogy mennyire, hogy mennyire lehetetlen -
Még mielőtt beléd estem volna,
A beszédnek palotájában,
Gyújts meg, kivánj engem olyankor is,
Ha szavadban rámhúztad az Istent.

2020. május 24.

Super-416000

SZÁLL A HÓ

Száll a hó,
A párát szitáló
Égő tó.
A Hold egy lángot küld
A vándoréjnek,
Fázós, hófehér
Hódoló.

2020. május 25.

Super-427000

SZÁRAZ KÖNNYEK

Házban, Magamat, ifjuságom hosszú
Posztáját; Azt hiszem, én megyek
Tovább, Életemet, magamat befödöm
Csudálattal!

Életem örömére,
S most, elmenvén egy téli nap,
Igy élek, úgy élek:
Fogja reményem, vigyázva
Fogja szivemnek birtokát.

2020. május 24.

Super-416000

SZÜRKÜLET

Már a régi helyén,
Már a csókod ízén
A mámor mikor
Nézzük egymást
A vonatablakból,
Reggel és délután;

Valahol a kapualjban,
A vasutakon a folytakozók,
Az elsüllyedt ég
Alatt rohanó fékek,
Együtt ázott gyermekek,
Együtt feküdtek ágyadban,
A szakadt földön,
Hajnali pára,
Délutáni, lomha ólom.

2020. május 25.

Super-427000

EGY KICSI LÁNG

Egy kicsi láng ott kél
A felhők felett,
S már él a halott,
A szívtelen.

Egy szép leány a szobor,
Az árnya szél;
Hátán a vér, a csók,
Űzve nő a fél.

Kínlódva üldöz.
Megyek tovább
A néma vizen.
A fák és bokrok elmaradnak.
Zörren az ég.

2020. május 25.

Super-427000

BARÁTOK LOVÁN

Harmat tövise felborzong:
Rideg nyomát búsan szorítja,
Szűnnék, de az álom nem bírja;

Barátok lován, mint sereg, kar forog,
Szárnyas mezőn, mint suhogó patak,
Felejti ajkamat, mikor szállok,
Szerelmem hűs leánya, hiszem,
Hogy életemet többé nem viszem;

Ne üvölts! - Nem lehet,
Ezt mindig érezni fogod,
Cinkos, rossz üzletek,
Dús csaták, átmeneti
Munkahelyek sokasága
Hozza majd neked.

2020. május 26.

Super-427000

ELMÚLÁS

Egészség, egészség! Hát nem érzed?
De érzés csak, amit vérszegény
Szívemben, számon érzek -
De gyáva a szem, gyáva az ész,
Ami gyilkos kézre sosem néz;

És nem tudta a láng,
Hogy ég, hogy fáj az arca,
Csak nézett rám mosolyogva,
S a szeme halk volt, fájdalmas,
Vihorászva kinyílt, mint a béke,
És rózsaszín volt mind a fény,
S csak nézett rám, a szemében
Hallgattam szótlanul,
Tágult, kemény, beteg szemében,
Hogy nézett rám szenvedélyem,
És oly halk volt a lelkem;
Csak néztek rám e szemek -

És elzokogta a némaság,
Számba vágta minden árnyalatát,
S szívem égető jégcsapát
Befogta a csönd.

2020. május 26.

Super-427000

(!)

ÚJ ÉVEZRED

Lám, ez a világ: vak a föld,
Amelyre ráment a halál,
S ráteszi mellét a vak ember,
És visszarettenti a korábbat -
És visszarettenti az új évezred,
Igaz dicsőségre!
Az új évezredben, a szerelem,
Két igaz könyörgése.

2020. május 26.

Super-427000

BŰNÖS

Lakomban ül,
Lakomban él,
Egy, csak egy él:
A halál -
Majd, ha megjön,
És leszáll,
Kinyílik a
Kapu tárnya,
Ahol befejeztük,

Talán-talán;
Lakomban ül,
Lakomban él,
Hát fölakasztja
A csillagát,
Amit hűtelenül,
Szégyenkezve fogunk élni
át.

2020. május 26.

Super-427000

Országgyűlési jegyzőkönyv generálás

LÁSZLÓ JÓZSEF (Fidesz): Köszönöm a szót, elnök úr. Tisztelt Ház! A kormány március 29-én tárgyalt a Szabad Demokraták Szövetségéről, és csütörtökön, november 1-jén azt ígérte, hogy tárgyalás nélkül hozza meg döntését. Úgy érzem, hogy amikor erről beszélünk, látható, hogy ez így van, és valamennyien tudjuk, hogy az ülés működési feltételei bizonyára nem biztosíthatók. Köszönöm szépen. (Taps a kormánypártok és a MIÉP soraiban.)

2020. május 27.

ŐRT ÁLL A VILÁG.

Mint egy sovány, árva gyerek,
Árva gyermek szeme rebben,
Mint a téli szél, amelyben
Tavaszt ígért a havazás.

Kert, kert... Száll a szó... Az élet,
A mérték, a föld, a táj.
Az évek, az emlékek,
A fák, a bokor és a bokák.

2020. május 30.

Super-427000

Vége

Három izgalmas hónap ért véget 2020 májusával. A gép elérte a nagyját annak, amire képes. Innentől a fejlődés már karbantartói feladat, források gyűjtése, egy tengeren túli GPU megkaparintása egy pár órára, amikor az idő engedi, hogy egyre lassabban tempóban egyre kiforrottabb legyen.

Ezzel az Újmagyar Gép projekt nagyrészt befejeződött, elérte a célját, verset ír.

Persze egy ilyen munkának soha nincs vége: innentől kezdetét veszi a hosszú farok: lassú tanulás, lassú korpusz gyűjtés, kiforrottabbá válás.

A költemény a gépből

Felemel vagy lenyom? Kisegít vagy kiiktat? Ezek és ehhez hasonló kérdéspárok bújnak elő az egyszeri ember gondolatai közül, amikor szóba kerül a mesterséges intelligencia. Életmentő orvosi MI vagy Terminátor? Miért is lenne egyik létrejötte valószínűbb a másikénál?

Az ember, természete szerint, a hatékonyságra törekszik. Hogy ennek milyen motivációi vannak, azokat itt részletezni nem érdemes, de egy biztos: a jó közérzet feltétele (legalábbis a mi kultúrkörünkben) nemcsak az, hogyne szenvedjünk semmiben hiányt, hanem egyenesen a bőség megléte. Ez a motiváció teremtette meg (nyilván nem kizárólagosan, de nagyrészt) modern világunk csodáit a gőzgéptől a kibernetikáig. Eleinte automatizálva a folyamatokat, a legújabb korban pedig már döntéseket is bízva a – tetszik, nem tetszik – mesterséges intelligencia kreativitására. Kérdés, persze, hogy ki mennyire bízza magát egy önvezető autó képességeire? Avagy ki mekkora örömét leli az MI által létrehozott művészeti termékek befogadásában?

Minket az utóbbi érdekel.

Egy bizonyos elmélet szerint amit valaki elképzel, az előbb utóbb megvalósul. És valóban: tengeralattjárók cirkálnak a világ óceánjain, űrszondáink már a naprendszerünkön kívül repülnek, egyébként is: szinte az egész világot hordjuk a zsebünkben. Sci-fi volt mindez valamikor vagy még az sem – ma a valóság kiműthetetlen részei.

Közeledjünk az Újmagyar géphez: nézzük, mit képzelt el Stanislaw Lem lengyel író 1967-ben, az Első pótutazás avagy az Elektrubadúr című novellájában.

„Trurl először bekapcsolta az indító áramköröket, aztán kisfeszültségű áramot adagolt, még egypárszor felszaladt a kongó vaslépcsőkön – az Elektrubadúr ugyanis óriási hajómotorhoz hasonlított, műszerekkel és csapóajtókkal teli, szegecselt vaslemez falán acéljárdák vonultak körbe –, majd gondosan ügyelve a kollektorfeszültségre, izgatottan közölte, hogy a bemelegítés kedvéért egy kis rögtönzéssel kezdi. Aztán persze Klapanciusz olyan témát adhat meg a gépnek, amilyet csak akar. [...]

– Írjon kiberotikus verset! – ragyogott fel hirtelen. – Legfeljebb öt sor legyen, de szóljon szerelemről, árulásról és halálról, a néger kérdésről és a nimfomániáról, legyen benne a bonyolult női lélek extrém konfliktushelyzetben történő meghasonlásának ábrázolása, a középkori feudális viszonyok és erkölcsök maró bírálata, rímeljen, és minden szó k betűvel kezdődjön!

– És a végtelen automaták általános elmélete ne legyen benne? – horkant fel a vérig sértett Trurl. – Ilyen hülye feltételeket nem lehet szab...

De elakadt a szava, mert az egész csarnokot betöltő, bársonyos bariton máris megszólalt:

Kóbor kaffer kószál királylány kertjében.

Királylány kacéran kacsint kéjvágyó kedvében.

Kapj karodba, kaffer! Király kinéz, kiált:

Katonák! Kürtszó, kivégzés. Királylány kacag kuszán.

Kegyetlen kor! Kicsapongó, koronás kurtizán!"

***

Beszélgetés Menyhei Györggyel, az Újmagyar gép megalkotójával 2020. június 29-én (részletek):

– Hogyan működik ez a versíró neurális háló?

— Van egy gráf, amin végigmegy az adat. Van egy adott mérete, ami meghatározza, hogy mennyi információt tud tartalmazni. Tudjuk, hogy 1 megabájtnyi tárhely nem tud tartalmazni 1 gigabájt tömör adatot. De ez egy kicsit másképp működik. Ezt a hálót tanítod, és ahogy tanul, elkezd konvergálni, és hasonlót képes generálni, mint a bejövő szöveg. Azt nézi, hogy mennyire egyeznek a bevitt szövegek. Például a Shakespeare összes pár MB angolul — ha azt tanítod meg neki, akkor egész jó Shakespeare-szöveget lesz képes generálni. Nem tud angolul, csak a formaiságot követi. Eleinte csak egy kis modellt adtak az MI-nek, mert féltek attól, hogy mi történik, ha emberek elkezdik tanítani — esetleg valamilyen kataklizma következik be, annyira jól tud majd írni. Később egyre nagyobb kapacitású MI-ket kezdtek kiadni, én a legnagyobbal dolgozom, mert

tudom edzeni a Google felhőjében. Ez egy 3 GB-nyi méretű neurális háló, de nem annyi adat lenyomata van benne, hanem jóval többé. Például a magyar Wikipédia majd egy DVD mennyiségű szöveg, 4,7 GB, azt megtanulta. De egyszerre csak 150 megát tudok neki tanítani. Abba keverek bele verseket is, prózát is, de csak magyar nyelven.

Amikor az amerikai neurális hálót először láttam, még nem volt tapasztalatom e téren. Elérhető volt online, és hátborzongató volt: beírtam angolul, hogy sétálok az erdőben, sötétedik, egyszer csak suttogást hallok magam mögött, megfordulok és senki nincs ott. A háló egy tök jó horror sztorival egészítette ki. Valami levágott fejű gyerekekről, akik kísértenek az erdőben. Na, mondtam, ez hihetetlen. Játszottam az angollal egy darabig, aztán arra gondoltam, hogyan tudnám én tovább edzeni ezt a neurális hálót. Nyilván magyar forrásszöveget kellett szereznem. Fölmentem először az OSzK-ra (Országos Széchényi Könyvtár webhelyére), és leszedtem több jelentősebb szerző, például Ady, Pilinszky műveit. Ezekkel kezdtem el edzeni. Csakhogy saját számítógépen iszonyatosan lassú; nagyon nagy gépkapacitás kellett hozzá. Végül a Google hálójában kezdtem dolgozni. Több hónapig tartott, főleg az adatbeszerzés. Be kellett szereznem azonos formátumban rögzített verseket.

Amikor ez megvolt, prefixeket kezdtem használni, például azt mondtam neki, hogy ez az adatsor líra, ez próza. Használtam kategóriákat, azaz négy korszakra bontottam mindent: előbb volt a 19. századig, aztán volt a 20. század eleje, ez a Nyugat korszak, meg volt Pilinszky, ez a 20. század második fele, és mondjuk úgy, hogy van a 21. század eleje. A poet.hu-t *ismered? Betettem alacsony prioritással, hogy tudja a poet.hu-t. Nem olyan súllyal kezeli, mint a nagy költőket, de azért lásson olyat is. Ugyanígy belekerült a magyar nyelvű Wikipédia. Aztán következett az úgynevezett Magyar Webkorpusz, ami 2004-ig az összes magyar nyelvű, weben fellelhető szöveg, viszonylag strukturáltan — publikus lett, gondoltam, akkor azt is tanuld meg, 21. századi magyar próza, azt is tudnia kell, tanulja a magyart!*

A teljes háló adattartalma 3 gigabájt adat. De egy kisebb hálóba, ami csak pár száz megás, ugyanúgy be lehet tanítani 40 gigabájtnyi adatot. Képzeld azt, hogy nem szöveget, hanem fényképeket adok neki, az egyszerűbb. Bedobok egy képet, amin van macska, és azt mondom neki, hogy ezen volt a macska. Bedobok neki egy képet, amin nincs macska, és azt mondom, ezen nincs macska. Ez végigfut rajta. Minél többet tanítom, annál pontosabban meg fogja tudni mondani, hogy a képen van-e macska vagy nincs. És nem tudod, hogy mindez hogyan történik — ez a legizgalmasabb.

– Próbálom elképzelni, hogy bedobom a képet. A kép nem marad benne, átmegy rajta, nem foglalja a helyet, viszont?

— A háló mérete üresen és tanultan is ugyanakkora, csak a belső struktúrája más. Amikor adatot kap tanulásra, akkor az átsúlyozza ezeket a döntési útvonalakat. De minden neurális háló egy fekete doboz, az aktuális állapota nem mond semmit. Egy neurológus se tudná megmondani egy agyról kapott, végletekig részletes pillanatképről, hogy mire gondolt éppen az, akiről készítették. Hiába érti amúgy az agy működését.

– Hogy az olvasók is értsék meg: a száz gigabájtba úgy fér bele háromszáz, hogy csak átmegy rajta?

— Átmegy rajta, nem tárolódik mint adat, hanem kicsit megváltozik tőle a létező gráf, ciklusról ciklusra. Mint ahogy a mi memóriánk sem fotografikus. De egy sörösüvegről meg tudom mondani, hogy ez sör, esetleg azt is, hogy pontosan milyen sör, a Heinekenes üveget egyértelműen felismerem, zöld, üveg forma, vörös csillag.

A GPT-2 neurális háló angol fejlesztői Lemmel szokták tesztelni, Lemet íratnak vele, Lemet tanítanak neki. A háló következő verziója még nem nyilvános [2020 nyara], az állítólag már úgy ír Lemet, hogy a Lem-rajongók nem tudják megkülönböztetni a valóditól. De az más nagyságrend, mint ez itt.

Az Újmagyar Gép engem sokkal közelebb hozott a magyar nyelvhez. Elképesztő áthallások vannak benne a nagyon szabadon használt homonimák miatt: szelet, tüzet, vizet belevisz egy mondatba, de úgy, hogy többféleképpen is értheted. Rádöbbenti a reálos szakbarbárt is arra, hogy milyen szép a magyar nyelv.

***

Az itt közölt beszélgetés messze nem teljes, de azt gondolom, hogy éppen elég tudományos betekintést tartalmaz ahhoz, hogy akinek van némi affinitása a kibernetikához és a nyelvhez, megértse, hogyan működik az Újmagyar Gép – szeretem azt hinni, hogy nekem valamennyire sikerült.

Amiben biztos vagyok, és ebben az Újmagyar Gép megalkotója is megerősített: **ez a mesterséges költő nem jelent konkurenciát poétáinknak: verset írni nem akar; közölni nem szándékszik ezeket; tiszteletdíjat sem kíván elorozni senki élő költő elől.** Sokkal inkább segítőként érdemes rátekinteni: ihletben szegényebb időszakban az általa generált szövegek impulzust adhatnak az egyszeri költőnek a továbblépéshez és -alkotáshoz.

Király Farkas
író, költő

OROSZORSZÁG

Ég áldjon Isten! vezére hazádnak,
Ég áldjon, ki dicsőn a hazádat,
Vezérli, s veszni hagyja jutalmát,
És a szomszéd árvák népesítnek,
Ottan feledvén,
Örök nyugalom.

2020. július 26.

Super-465000

ÁLOM 1

De már csak azt szeretném,
Mikor minden lelkem hófehér,
Mert álmaim ölelnek,
S csak ilyen virág leszek,
Mert kél a nap, a kelő nap,
A szőke, napfényes este,
Hogy hirtelen minden szívdobogást
Elnyeljen a csend.
Álom vagy, álom:
Álomba ébredek.

2020. július 26.

Super-465000

JÁTÉK A NYAKLÓN

Játék a nyakláncon, fél szemmel,
Mint két gerle közt a gyerek,
A vézna asszony az ágyból,
Kátrányt fonva, eltűnődve,
Visszahőkölve, sírva áll:
Egy gyermek száját fogja,
Tudja, nincs földi öröm a világon.

Játék a nyakláncon, fél szemmel,
Mint két gerle közt a gyerek,
Az ifjú asszony először
Tud ébren lenni, mint a nap,
Ha kimondja a holt időt:
A játékból mit leszűrtek,
Kapnak a magasban, hirtelen,
Mint alvó világ egy fájó kebelen.

Játék a nyakláncon, fél szemmel,
Mint két gerle közt a gyerek,
Az ifjú asszony felébred,
S nem tudja mit tesz, hol keresse,
Később majd elmondja a szerelmét.

2020. július 26.

Super-465000

MAJD NEM ÍGY VOLT.

Békésen hajlok az
Öreg holdra, földre.
A tetején végső,
Csillagporos útra.
Földig hajolok,
S nézem a csillagot.
Suttogom: lépj végig,
S hív a Hold: "Esküdj!"

Körülnézek: ez az
Egy árva éjszaka;
Körbejárja a
Jövő kertjeit,
Először messze jár,
A szívemnek kertje,
Körülöttem,
A jövő kertje;
Körül az
Alvó kertem.

Közelebb lépek,
Holdvilágos útra,
S jön a Hold, köszönt:
"Esküdj!"
S e képpel leszáll
Holdvilágos útra:
Békés-kedvesen
Lassan lépeget
Nagy, halk szárnyakon,
A Holdvilágos útra.

2020. július 26.

Super-465000

MEGNYUGVÓ NAP AZ ERDŐN

Álomillat, mely lelkem árkain át tölt,
S szememet lehunyja bár,
De nem ragyog az árnyék, melyet látnom kéne rég;

Élni szeretnék, érezni: testem jót tesz.
Hinni a vágyálmok ölelőjének,
Bevallani: az élet értelme a csók.

2020. július 26.

Super-465000

A SZERELEM

Éjből jő, gyilkolás utáni
Délibáb;
Nem ismer, s fél az ily hamis szerelem,
Fájdalom s bánat már, mely elszakít,
Mely szárazon fojt, mely elragad,
S ha célját elérte, elveszti a
Szerelem kárát; s ha van még türelme,
Éltetőd tárulkozzék kezed elé,
Hogy úgy képzelje: már nem szép, de szabad!

2020. július 28.

Super-465000

SZÉKELY MAGYARORSZÁG

Zajlik a munka, zajlik a gond:
Keresik a népet, a szépet,
Keresik a jót, az igazat,
Keresik a szívet, a búzát,
Körös-körül.

Aztán itt is, mint mindig,
másutt,
Ahol senki sem alkuszik,
Nép a kaszát,
Az ágyast,
Hol semmi eső nem jön és
Semmi szellő,
Csak nekünk sülnek a
mesék.

Nem ajkamat,
Nem vállamat,
Csak nekem vállat bont,
S nem adom fel soha,
Ahol mindig összetart,
Egész közönnyel, s együtt,
szerelmesen,
Hogy aztán egyszer végre a
nyelvén,
Vagy sírva.

Nem számít,
Ha fájó gondolat zúg felém,
Nem számít, ha vállamra
rogy ez,
Nem számít, ha néz rám.
Ha vidáman táncolunk,
együtt,
Tánccal a föld felett,
Nem számít, ha búcsút
szólunk,
Csak nekem számít,
Ha csókolja a szám,
Ha szívünk égbe száll,
S újra együtt táncolunk,
Mint az Isten vele!

2020. július 28.

Super-465000

APRÓ FÉNYEK GYÚLNAK

Föl előttem, a házfalak és a szobák.
Majd megállok: ha szembe jőnek a fények,
Megállnak, látják mit vesztettem el -
Ködöt rajzol a cseppnyi szem reám,
Amint fölsuhanok az ablakomon.
Árván felbukkan egy-egy ilyen levél,
Ha elérne: ezer ilyen legyek én!

A házfalakra gallyak borítanak;
Falárnyékban lángolnak a szóvirágok,
Majd megállok: ha szembe jőnek a fények,
Megállnak, s látják mit vesztettem el.
Ködöt rajzol a cseppnyi szem reám,
Amint fölsuhanok az ablakomon.

2020. július 28.

Super-465000

MÁSKÉPPEN

Tudnál! Ha kötelesség
lehetne, azért csak ily hevesen
Lehetnél. A szavaknak is más
Akarna lenni, a szavaknak is
Másak lenni!
Ha tudnád, hogy a
Kelő nap süt, s elolvad szép
Esőn, a lábadról a levegő
Int, ha tudná, hogy fölötted
Esik eső, s a híg levegő
Int!

2020. augusztus 1.

Super-465000

MOST...

Most vidám szobám megőszült -
Te élsz, s tőlem te sohase félj!
Most nincs semmi veszve még;
A föld is már földhöz vérez:
Míg zúg, zúg a multak vére!

2020. augusztus 1

Super-46500(

SÍRÁS, AMI HALLATÁN ÜDVÖZÍT

Ember, értelem.

Szavaid soha meg nem ejted,
De még nem hiszem, hogy igaz tetted,
Mert épp csak az győzött, akit szerettél.

Hát, sírás, vétek még a szó,
Ügyetlen, igaz kaland,
Amit hátrahagyott múltban vesztettél.

2020. augusztus 1.

Super-465000

RÁD VÁR AZ ÉLET

Most fenn vagy az álmok tengerén,
A látványod a sírig elér -
Várj reám, míg por leszek,
De szűntelen utódom légy!
Mert egy dolog lesz mindig szép,
És csak az maradhat vég.

2020. augusztus 1.

Super-465000

A VIHAROS SZÜRKÜLETI NYÁJ

Pest, 2019. Több helyütt árnyék,
Összefoly éles kék sereggel
Távolság hűlt nyomdoka.
A felhő s a gyík ragyogni tud,
S oly váratlanul száll a nap,
Hogy az eget meg nem ismerik.
S rám repül, mint a fellegek,
Csattog, forr, bukik a viharmadár,
Csöndbe cseng, kél, s jól hallanád:
Föld köré foly, majd bő szárnyain
Nagy vihart kavar a Nap-kelet;
Zúg, mint a barom-csörgés,
Lidérces, ócska, furcsa faj,
S a légben, mely égre s földre hajlik,
Arany gyík módjára vadul.

2020. augusztus 1.

Super-465000

Korpusz - 2020. szeptember 20.

Elkezdte tanulni az Index fórumot. Rengeteg magyar szöveg, 1998 óta.

Amit belőle megtanul a magyar nyelvből, mindenre hatással van, a lírára is.

500 ezer

NYÁR

Nyár:
Szív és száj
Közös
Nesze lányokkal
Összefonódott!

JÖVENDŐ

Zord halál ez, zord út,
Életemnek mégsem ily szele;
Mégis, ha itt vagy, egy óra,
Még egy leheletnyi keze.

A boldogságok
Fák koronájában járnak,
És a kórság
Áldozati szemének
Eltűnő sírhalmát
Suhogva kell eltemetni.

2020. szeptember 20.

Super-500000

AKÁR A RÓKA

Tudod, még tudni se akarom:
Mit lelek megint: én csak vele tudom!

Már értő állat vagyok én is!
Egyre fogy szívemben a tér is.

2020. szeptember 20.

Super-500000

(!)

A KÖTÉLTÁNC

Még néhány év.
Hűvös holdvilág.
Közelít a fény.
Minden mozdulat.
A tengerig hat.

Az erdő kék.
Megálltam.
Ott, a múltba rég.
A Kötéltáncot jártam.

2020. szeptember 21.

Super-532000

BIZTATÓ

Ha akarod, nem akarod:
Ha akarod, sem hagyod.
Igazságtalan halandó,
Vagy minden kis csatatéren:
Jaj, igazságtalan a mi
Budapestünk,
Jaj, igazságtalan vagy, Bécs.

2020. szeptember 29.

Super-532000

HOGY AZT NEKEM, NEKEM, NEKEM...

Hogy azt nekem, nekem, nekem!
Miből legyek, és fő legyek,
Ezen kettők? Kétféle fickó,
Kétféle hős, kétféle ujj!

Én vagyok a legvadabb,
A szegény legény, az utolsó.

Kétféle fickó szerette,
Nem látta, nincsen benne semmi.

2020. szeptember 29.

Super-532000

SZÜLETHETETT VOLNA

Földrengés, harag, árulás
helyett... szülhetett volna
rólad egy anyai ág,
szülhetett volna, mert
Nem az Isten, de Szabadság
volt az élet, Isten:
az égig érő fának
szántál, s a fát megízlelted.

2020. szeptember 29.

Super-532000

TANYA ÉS EGY-KÉK ABLAK

Csend van a földben,
Csend, mely a fejem alá beszél,
Úgy szól csendben.

Csillag pislákol a kis ablakban,
Kedvem volna megkeresni,
Erdő szép lánynak, szép fiúnak,
Szép madárnak.

2020. szeptember 30.

Super-532000

EGY SZÓT

Mikor megismertelek,
Elmondtad a szememnek.
Nevettem magamat,
Gúnyoltam szavamat.

Másnap már játék volt,
Szépen megszökött a Társaság,
De mindjárt visszatértünk;
S én álltam a peronon;

Ezt az éjszakát is szeretem,
Hogyha itt lehetek veletek,
Mert hazaérek és meghalok,
És állok a helyemen.

2020. szeptember 29.

Super-532000

RÉGI ÁLMOK

Megkésett régi álmok
Húznak az égi éjben,
S egy új álom véget ér,
Világtalan sötétségben.

2020. szeptember 30.

Super-532000

NYOLC ÁGYU

Tűz-szemem ég, éjjel,
ágyu felől,
nincs semmi, amitől
mennék még előbb.
Csuklóim égnek,
hasamra nő,
szívem görnyed,
életem öl.

(Szerelmi dal,
dicső határ,
hét-nyolc hegyen
nyolc ágyu jár.)

2020. szeptember 30.

Super-532000

NAGYAPÁM

Nagyapám a költő, aki nem ért az álmodba
S lelkét az isten fel nem tette soha-soha,
De a Te lelked az én fia lehetett,
Akire az egész emberiség nevetett.

2020. szeptember 30.

Super-532000

A NYUGALOM ÁLMA

Hazafelé a szomorú magány,
Szívem egy ősz, bú, szomorú csatán
Az éj borzongó közönyét kitárja;
Az üres szobában a sötét alszik,
Az éjjeliszekrényen álmok füzére,
Esőcseppekben ázott szerelem árnya
Zuhog kintről, ha van holnapja:
A nyugalom álma.

2020. szeptember 30.

Super-542000

ÉLETEM RÉSZEI

Életem részei, sír-esélyes
Bánatok, gyászos és szép idők,
Az a szomorú, aki élt,
És virágba is keskenyűlt a nap;
Szőke kisfiú, a hajam
Kékes és szelíd, az arcom
Békés és szabad, mikor rózsát szakajt.

2020. szeptember 30.

Super-542000

KEZEDNEK

Csupa ritmus, gyönge dallam,
A színpadon félhomály;
Kétségbeesve lüktet a testünk,
Szemedben dac, jajszó remeg,
Mikor érzed, hogy már minden rendben,
Úgy szorítja sebed az öröklét,
És a gondolatot nem felejthetem,
Mert minden szívet, mely érzi, hogy várja,
Nem hagyja a gyász magára.

2020. október 1.

Super-563000

BÚCSÚZIK A VILÁG

Búcsúzik a világ.
Félig-vagy-élők
mind hozzám jönnek,
hogyha menni kell.

Várunk és várunk.
A világ csak múlik
s nincs többé vágy,
csak égi szeretet.
Várunk, és várunk.

Sárból lett a szád.
Rágódó szemeid
fülben sírnak.
Viszlát.

2020. október 1.

Super-563000

KIS KARÁCSONYI CSÖNDED

Micsoda ősi szeretet!
Tavasz ezüstös köntöse,
Csupaszon leng a harang,
És szikrát szít a szemekbe!

Nyikorogjon szíved,
Amelyre büszke voltál,
Csak duzzogjon a szem,
Hogy kiváncsi voltál,
Majd eljön a tavasz!

Lásd, vágyával, nagy büszkeséggel,
Hadd szökjön már szemedbe;
Árnyak-képeid elsuhannak
És ajkadról a lelkek lehullnak:

A karácsonyi csendben
Egy perce már hiába zenélek,
Bármin, úgy zúgnak a harangok,
Tán még a ház is lecsukódik
A tetőnek kisujjánál.
Minden zajt hallasz;

A csönd megszakad,
A harang begyullad,
És az égi ablakon át
A fenyőgerendák rázkódnak.

2020. október 1.

Super-580000

CSÓKOLATLAN

Csókolatlan, hajnali éjben
Házunk előtt állok
És nézem a végtelent,
A fáradt csillagokat.

Egy kövület fényében
Felállok és ott vagyok,
A szobámban, árnyékban,
A fák közt szelíden.

2020. október 2.

Super-580000

A KISFIÚ

A kicsi fák alatt szendereg.
Kiszáradt, kiszáradt az őszi sár.
Megsárgult lombja, fája, levele
Az őszi napnak szent, jó vitéze,
Sápadtabb, mint a halál.

2020. október 2

Super-58000(

VAGY

Vagy ezernyi
Egyedül-árván-bús magyar;
Ki késő században született,
Akinek elég egy árnyalak -

Ki a jövő zord egységnyi-mélyén,
Nemesnek s szépnek látott lelkével száll
A megálmodott nagy pillanatba;

Aki a jövő zord egységnyi-mélyén
Méltó helyet keresne magának,
A jelenben, a térben, születésben,

Ahol az élők szemüvege reccsen
Az állati változás pillanatában.

2020. október 2.

Super-580000

Korpusz - 2020. október 7.

Az Index Fórum korpusz végső mérete: 30 GB.

TAVASZRA

Az őszben
Nem olyan csodaszép az ég,
Mint fakó rétegben volt a méz;

Kétségbeesetten
Kiütköznek kis harangok,
És a csudák
Küszöbén a nagy tavaszok.

2020. október 7.

Super-580000

SÖTÉT A VÉR

Egyszer szembe jött az őrült vihar,
S egy őrült hajót küldött szívemre.
A hullámok, egy-kettő-három...
Ki is jöttünk, mind a viharba vitt:
Az égben egy szirt semmit se látott
És fölfordultak - s mindegyik szirt földre
Ágaskodott , és szél-hegy-tört szemekkel:
A víz, melyet így hagytunk rég el, égbe szállt,
S bősz szemében sötét vért látt.

2020. október 7.

Super-580000

MOST PEDIG

Mikor a leghőbb vágyak
Kigyúlnak fönn, a föld
Bíborából, a csillagok
Szivárványos fényében,
Mikor a kéjek mélyén
Áldozatukat keresik:
Minden éjszakát
Hiába élvezik.

2020. október 8.

Super-580000

600 ezer

A KORMÁNYZÓK KORMÁNYA

A kormányzók kormánya most
Szegény embereket vesztett,
Áldatlan állapotban
Egy rabló-náci cseléd-
Házat maga mögé bújtat,
Egy népet és egy vértanút,
Szolga-beteg koponyát.

És bár szegény emberek
Házát ember fogta, körömmel,
Süvegelik és fizetik,
Bátran kiállnak a körmök
Eléjük, eltakarva őket;

És mégis csak egy szolga-féreg,
Ki áll kint egy idegen állat
Bilincsével, mely lábujjhegyen
Húzódik, hogy elszorul,
Százszor meghal itt,
Újra meghal a lelke, idomul.

2020. október 11.

Super-644000

TÉL

A tél nekem
És jövőnknek vásár;
Zúdul, hűvös az éj.

Együtt vagyunk,
Nem különülünk,
Tavaszi kedvvel jövünk,
S bár véget ért s varázslat,
Lebben csöndes áradat.

Te látsz a sötétből,
Tán örökre elnyeltél,
S szólítasz: részeg kísértést,
Mint téli tájban a szelíd,
Lágy örvény fölébe írt,
Egyszerű hevülést.

2020. október 11.

Super-644000

CSAK HULLNAK A HATALMAS RÓZSÁK

Szívem szerelmét,
Ezüst, sárga, részeg álmot,
Veled őrzöm, kedvesem.

Lépj be, rózsám, lelkedbe,
Lásd a napot elöntő
Éjszakát mindörökre -

Virágodnak szánom én
Mindenhol e szép világot,
Száradjon ki a mezőn,
S mindenütt kiszáradjon.

2020. október 14.

Super-644000

700 ezer

PUSZTA FASZOM VAN

Puszta faszom van, puszta faszom nincs.
Vas kocsit láttam, vörös, kiszerelt,
És úgy tűnt, mint a zsidók a háborúban,
Mintha valami bűvös szeretet-féle volna,
Nagy bűvölet, ami még az őszben is csupa vér,
Lélekzet nélkül, mely egyre sötétebb,
És végigdől minden, ami szép.

2020. november 17.

Super-756000

NINCS, NINCS VÉGE

Erdőn, hegyen, völgyön át,
Világon,
Égen, tengeren, égen át,
Világon,
Emberben,
Állatban, emberben, földön, égen át,
Világon,
Emberben, emberben, vízen, árban, órában,
Óra-
Gépben, gyorsan, gyorsan, vizen, óra-
Gépben,
Mezítelenül, meztelenül!

2021. február 14

Super-77300(

TÖBB SZÁZ ÉV

Több száz év telt el,
S együtt el-elmúltunk.
Mégiscsak kevesebb
Emlék száll a hajunkra,
De többet már nem írok.

Már nem emlékszem semmire.
Körülöttem búsan
Mozog a költő éve.

Álmomban a búra fent,
Fönn is alig-alig néztem.
Mindig csak a megérintett
Szerelem nézett énrám.

Hazugság, árulás,
Csak azt néztem, csak azt,
Mit látni a színpadon
A sok-sok gazdag arcot,
Szemeimet, ahogy kigyúltak
A fényes csillagok.
Álltam, mint egy székesegyház.

2021. február 14.

Super-773000

NEKEM EGY SEMMI

Kezembe kerül egy
Mindent látó ember.
Látom a fényt, ami
Utána jön el,
Vagy a kontúrjait:
Érzem, hogy nem kell.

2021. február 18.

Super-794000

EGY FEHÉR PÓK

Egy fehér pók.
Fehér pók a
Jégen, a
Jégen.
Hét szem, hét
Szem.
Együtt vagyunk mi
Éppen.
Két szem, két
Szem.

2021. február 19.

Super-794000

VÉNSÉGEM UTOLSÓ NAPJA

A vénségem utolsó napja:

Futó vadász
Bajvívó gyilkos
Mintha itt lennél,
Ott úsznál álmomban a hajóra
Az álom hatalmának partján.
Kikotortad magad,
Megérezted már:
Ott szép, ott, ahol csak
Szép, ott...

Látlak már.

2021. február 19.

Super-794000

(vénségem utolsó napja: 0 Google találat a vers idején)

PROF. KAJAN:

Mért nem hajtod kévét a sátán felett?
Mért nem adod a pénzt a gyerekeknek,
A kincstári zsivajt a szegényeknek?

Kaján:
Hogyha fáj, nem kérnek! És ha vért köpök,
Bilincsbe vernek! - Egyikünk sem él.

Kaján:
Mi lesz, vén papír?

2021. február 19.

Super-794000

PIRKADAT

A mezőn, ahol már
Március van, nyájas fű
Fáj, a ház mögött, az
Erdőn, ahol az ég
Fehérre meszelt bőre alatt
Márciusi víz cseppen át,
Ott is, ahol a víz a
Szemét szintén kimossa,
S így tovább.

2021. február 19.

Super-794000

"AZ ÖT PERC PÁRZÁS UTÁN"

Mondják a fiatalok.
Mondják, a holdfényes világ
Igaz fiai
Ugyan még visszahulltak, de
Magukhoz egy emberöltőt
Tartottak.

2021. február 19.

Super-794000

ÖTÖDIK FELELET

Ötödik felelet a
Javaslatodra: "Kedves kartács,
Ne haragudj, hogy meghalok,
Szép voltál, és szép vagyok."

2021. február 19.

Super-794000

ELNYÍLT VÁROSOK

Az érkező nap fényes sugara,
Az elnyílt városok új tüze.

Az égő kávéházak mögött
Csak az utca sápadt fénye lángol,

Az elnyílt városokra sötét, tömött
Szökőkutakat verő zápor.

2021. február 19.

Super-794000

ÚJ KÖNYVEK

Félve-félve új könyvek
Mélyébe nézek
És új napoknak új könyvei
Ragyognak rám és a régiek
Mint az én bűvös világom
Szemei világítnak ki a
Fényes égbe.

2021. február 19

Super-79400C

A LEGÉNY.

Van egy párja.
Én is azt kérdem:
Hát mikor lesz
Gyönge vagy gyáva?

2021. február 19.

Super-794000

DE NEM ÉN VAGYOK,

Nem akarom elhinni,
Hogy a világ
Csak én vagyok,
Nem én vagyok,
Nem akarom elhinni,
Hogy a világ
Csak én vagyok.

2021. február 19.

Super-794000

A FÁKLYA VÉRE

Jő a láng a hegytetőn,
Őrli bánatát vadúl.
Tüzet gyújt mindenre,
Mindenre, mi ború.

Jő a láng, a végtelen,
Páncéljába vési magát.
Jő, – s sóhajt a puszta kő –
A nagyvilágban járó szerelmet
Látni elvágyódva, félve,
Mint tűzben a fáklya vére.

Megfesti a szőlőben, aranykupolában,
Fényes káprázat, lámpa fénye,
Tüzében a fáklya vére.

2021. február 19.

Super-794000

(!)

A FÖLD.

Látom, hogy mezítláb jár a föld;
Hogy a szél meg-meglágyul előtte,
Óh, mért ne látnám meg, szegény,
Azt a gyönyörű földet, mely
Élő örökét többé nem leli!

Város: óh, be szép város az,
Szőke város, hol a szél táncol.
Mért jöttem? Hogy ez a város
Örökre elenyészve légyen!

2021. április 6.

Super-794000

(a gép nem szereti a várost)

ÁLMODOM

Most mért törjön szét? Már oly sok az
arc, hogy azt se tudja, ki vagy.
Most mért
törjön szét? -
A kéz, amely egykor ajkamon
kigyulladt: örökre él.

2021. április 6.

Super-794000

S MÖGÖTTE AZ ÖSSZNÉPI HAD

Ez a hon csak azért van,
Hogy német gonddal összetörd,
De én megölelem,
Mert én megölelem,
Ha még lehet, ha még magyar föld.

2021. április 7.

Super-794000

(!)

ÚJRA NÉZEM A FEJEMET

Újra nézem a szememet,
És egyre jobban szeretek
Más lenni, mint egy kisgyerek.

2021. április 9.

Super-794000

NE BÁNTSD A TEHÉNLEVELET

Ne bántsd a kis szőrösöd.
A kis szőrös átmegy
A tövön, a fán.

2021. április 9.

Super-794000

KÉK

Nagy, mint a szerelem;
Sötét, mint a fény,
És néma, mint a fájdalom,
És kemény, mint a mély.

KÁVÉ

Szól a kávé,
Nyílik az ajtó,
És a kávé
Rám gondol.

2021. április 9.

Super-794000

PERCEM

Már az ég is szürke.
Már csak a nap s a hold ragyog.
Már csak a nap s a hold ragyog,
És nem sejti senki, mi vagyok.

Már csak a hold s a csillagok:
Együtt születünk a semmiben.
S ez az életünk. Az enyém.

Fekete holló és fehér holló,
A szomorú este,
Mikor én meghalok.

A néma földi éjszaka,
Mikor a vén bús költők
S a bús írók, kiknek
Szerelme ez a perc,
Az enyémek.

2021. április 9.

Super-794000

800 ezer

808000 tanítási ciklusra van kiforrva. P100-as GPU nem elérhető a felhőben, itthonról fizetni sem lehet érte.

A gépnek kihívó nem érkezett.

2022. február 6.

JAJ, HA ÉJSZAKA

Most nézem csöndesen:
A másik ablak
Fehérlik, édesen
Az alvó veritéken
A hófehér takaró.
A holtak feketéje
Fényesen úszik,
Sötétséget lehel rám,
Néz engem csöndesen.

2022. február 6.

Super-808000

A NÉMA

A néma fölkavarja
A szemem,
És azt mondja:
Jaj, jaj, jaj,
Nagyon jó a tánc,
Csak nekem kápráztató.

Fölkavarja
Szívem,
És azt mondja:
Fogadjunk, szép vagy,
Csak nekem kápráztató.

2022. február 7.

Super-808000

A HARMINCADIK

Nap a magasban,
Felhők a mélyben,
Arcok a szélben.

2022. február 7.

Super-808000

BAROMSÁG

A kocsmában kolduló
Üveg-testü gondolatok
Ezernyi összefüggése
A szegénytől mindig riad,
Tegnap mégis a máglyán
Szeretkezett iszonyat.

2022. február 7.

Super-808000

ÉLET

Mindig azt reméltük,
hogy az Isten haragja
Megszűnik szemünkből,
És hogy csak a mennyország
Marad fényében ragyogva.
Hogy az élet végül nyugalom,
Élő, üdvös, boldog nyom.

2022. február 7.

Super-808000

[töredék]

A léggömbfejű,
nagy harangtorony,
lecsupaszított
páncélján a köd

Super-808000

808K

Hol áll most? Áll!

Index korpusz lett, de nem lehet tovább edzeni, nem elérhető megfelelően erős GPU.

Teljes korpusz:

- index.hu cikk crawl (2003-2019): 1.5 GB
- index.hu fórum crawl: 30 GB
- Országgyűlési jegyzőkönyv: 1 GB
- Web korpusz (2003): 5 GB
- Wikipedia: 829 MB
- Dráma: 2.1 MB
- Líra: 31 MB
- Zeneszöveg: 19 MB
- poet.hu: 166 MB
- Próza (PIM+DIA+etc): 71 MB
- Nyugat (próza): 138 MB
- Média (NOL+Válasz+HVG): 351 MB

Generálni tudok a 808K-val, ezrével, tízezrével.

Miben más a 808K mint mondjuk a 60K: minden esetben szerkesztői kézen átment munkák láttak napvilágot, de nem mindegy, hogy mennyi szemetet kell áttúrni. A 808K-s modellel generált verseket élmény megnyitni, túlnyomó többségük elfogadható első olvasatra is, és meglepően brilliáns dolgokra bukkan az ember.

2022. június

Menü

A végső modell nem csak szöveget kapott tanulni, hanem strukturált meta adatokat is, hogy érezze a különbséget a műfajok között. Ezekhez szóstatisztika is tartozott, az adott szövegdarab leggyakoribb szavainak felsorolásával, hogy érezze, hogy a kulcsszavaknak köze van a tartalom gerincéhez.

Ennek köszönhetően meg lehet kötni a kezét, ha szeretnénk speciálisabb kimenetet generálni.

Az alábbi menüből lehet választani:

I. Líra
1.: Semmi szűkítés: verset ír, szabadon
2.: Szűkítés korszakra:
      19. század végéig (kb. Aranyig), (cat:c19)
      20. század eleje (Nyugat), (cat:c20a)
      20. század közepe (Pilinszky), (cat:c20b)
      21. század (dalszövegek, modern líra, poet.hu) (cat:c21)
      2/a.: 21. századon belül csak dalszövegre szűkítés
            2/a/a: dalszövegen belül műfajra szűkítés:
                  rockmetal,
                  hiphoprap,
                  rockpunk,
                  rocknemzeti,
                  altpszi,
                  pop/etc

II. Próza
1.: Semmi szűkítés: valamit generál a kedvére. Alakra mindegyik megfelel egy jellegzetes műfajnak.
2.: szűkítés korszakra-kategóriára:
      20. század elejéig szépirodalom, (cat:c20a)

20. századi szépirodalom (cat:c20b)
21. századi webes tartalom (pl. publicisztikák újságokból, wikipedia szócikkek) (cat:c21)
országgyűlési felszólalás

III. Kulcsszavak (es ezzel téma!) kényszerítés: 1-7 kulcsszó megadásával lehet szűkíteni a témát. Nem lesz minden kulcsszó benne. Minden kategóriában működik.

IV. Prefix: megadható, hogy mivel kezdődjön, és akkor azt próbálja befejezni. Például egy vers első ket sorát. Minden kategóriában működik.

V. Feszesség: mennyire lehet kreatív. Nagyobb szabadsággal többet halandzsázik, újmagyarabbul beszél.

[töredék]

És nem bír felmenni a legnagyobb gépbe,
A folytonos, szorosan nehéz hajóba.
A világ új, tárgyilagos lámpája
Valami idegen, oltári bábra
Ráharsan.

Menü - lazább líra

VÖRÖS HÁZ

Kiürült udvar, félméteres kert,
Avar visong a gyémántláng szinén
S délelőtt a fáklyafény már lecsapott,
Mint egy ismeretlen kötőtű fok.
És te ágyadra szenderülsz, szétszakad
A ruhaszag, majd egy könnyű csók
Szele fölött félsztőz boát szakad,
Dal fogan még a házak közül,
De felejted már és utolszor
Belülről esik a hó,
A munkások riadt füle
A fáklyafény szállongó füstje.

Super-808000 (lazán)

KÉT ÓRIÁSI ÜTÉS

Itt enyhe, csöndes az este.
Iszom egy sört egyedül,
Egy este benézek a kertbe
És meghalok térden állva.
Egy este kedvem töröm a csendbe.

Super-808000 (lazán

SEBZÖLD GONDOLAT

A kert szelének vermében
A Nap nyargal egyre
messzebbre,
Egyre holdra lát a távol,
S mégis olykor megcsillan egy
Fénylő sugarú pillanat,
Egy fényes maroknyi terasszal,
Mint felhőktől buja holdnak
Hűvös égbolt. Egy sejtelmes
Rugózás, egy halvány fényes
Sugár, s egy színlelő mosoly,
Lágyan lefut, s mintha csak

Egy hófehér gólyabál
Rína rajtad meg sebten
S ahogy fáj, lefut a lég,
Feléd húzódik egy
szempillantás:
A vonat bólintat csupán.
De ha megállsz, s észrevétlen
Meghal a gőz, s visszakúszol
Világunkba, az a dallam
Kéklő, unt, fehér köntösében
Elkezdi varrni homlokom.
Egy langy víz ma is felragyog.

Super-808000 (lazán)

JEREMWATT-ESTI GONDOLAT

Az ember mindent elhisz, amit gondol,
Mert önzés és érdek nélkül semmi nem illik a szívére.
Csak árnyéka a reménynek, nem a fénye.
A sötét felhők fölött a gyönyörű égre
Felnyitja szemét,
És a remény fénye kiég.

Super-808000 (lazán)

A KIS KINCSTÁRBÓL

Milyen az, amikor valaki egy új, dús világban
gondolatébresztő, sőt, szélhámos, gonosz szellemekkel teli
bizsergő képet fest a cifra trónteremből, mely éppen az én
akaratom magasságának egy harmadát övezi?

Szép kutya, aki mosolyát együtt, élvezettel
meglágyítja állami páholyában kölcsönös ismerőseivel,
ül a trón fokán.

Super-808000 (lazán)

BŰN

Amikor szívemet fejem körül tépi,
Kalapácsol halovány aranyom,
Akkor jaj, az a bűn, hogy más nőre várok,
Cinkos csodaország! Szememre is fölragyog
Egy zárka tévedt szíve. Maholnap az ördög,
A sátán gondja - nagy árnyéka lesz a testnek,
Karom tűz, hogy valami gondba koldusuljon
A kurva sors, míg a repedt iszonyat pöröl.

Super-808000 (lazán)

HOL KEREKEK?

Hol kerekek?
Kerék
paripáját
szétcsapom,
szélnek a szállást
kicsavarom,
szélnek a szállást,
középen haladok,
középütt, szélnek,
fölül
kell izzadnom.
Lám, minden
pálya
műveletlen,
se (sima)
se (rosz
szén
újságpapír:
gyorsan
"kulissza"
végállomás);
száll.
Lecsüng a domb,
virág.
Oly bánya
a tanyavilág.
Körüljárnak,
fölzúg
a fák
slezengés,
az ön-
sarjadás.
A domb kapujába
ki-
be
hull.
A fák,
az erdő,
a föl-
tömörülők
feltámadnak.
Csoda-
szerte-
pacsirta,
pacsirta!
Pacsirta
lelke,
pacsirta
haladó.
A só
piszkos útja
végig a földi
dróton végig
azon az úton
végig,
amelyiken jött
egy lovas,
híres és jó.
Az erdő,
a fa- és kőszirt
dübörög,
ha bús van.
Fölül
a napsütésben
iszok egy nagyot:
hamukodik
a cseléd
pacsirta-bőréből
vörös iszapot.

Super-808000 (lazán)

CSAP

Kialudtam a napot. Megtisztultam, kinyúltam,
Szikkadt fonalam reszketeg.

Bocsásson el, kedves rokonom,
Kit elértek már zsenge hatalmak álnok sugarai!
A cumulus, mi égő szívemben nőtt,
Szőrös, felrepedt álmaim
Kegyetlen fújja, melegen.
Egy korty, ajkamon huzalozva,
Dobbanó kín.

Super-808000 (lazán)

GYERTYÁK ALATT

Hosszú, nagy fiúk, nézik egymást,
Szikkadt pirossal játszadoznak.

Üres, bús szoba
(könyv-emlékek nélkül)
Egyik kezük csupa fehér,
Másik kezük tarka tükör.
Barázdált padlás, fekete négyszög,
És vad, sötét hegyek szele,
Ijedt fogak döntő lépések
Vak tüzével hajlítják a fényt.

Super-808000 (lazán)

FÁJDALOM

A bánat: a düh.
S csendből szól a dal.
Szörnyű.
A bánat: a szín.
Szörnyű.
Az öröm: köröm.
Szörnyű.
Minden felelős:
A gyönge mázsás.
Szörnyű.
Tűz és vas a remény.
Szörnyű.
Halk
s szőke a szivárvány.
Szörnyű.
Azt hiszed, szép, ha élsz.
Szörnyű.
A félelem
szörnyű.

Azt hiszed, itt a vég,
lesz sötét, ha szakad.
Szörnyű.
A szerelem
szörnyű.
Életed benne száll,
bár lelked érzem én.
Szörnyű.
Az éjszaka
szörnyű.
S magány
szörnyű.
Hív és csalódás
szörnyű.
S magasztal
s egy egyben hívás.
Szörnyű.
A körömhörpintő
szörnyű.

Super-808000 (lazán)

NOS EZEK A NŐK?

Ezek a nők? Lám, én is nő vagyok,
Kényes, hajós, jó beszélő, válogató nimber.
Nem tudom a gépelési dolgom,
A példa, amit írtam, nem változtat azon, hogy nem
haragszom.
Amíg szentimentális az igazság,
Addig nekem a szónoklattal nem kell jót tenni.
(Tudom, az alábbi sorok történnek.
A szavak azért vannak, hogy elinduljon,
A gondolatot alig ismerni).

Super-808000 (lazán)

KETTEN

A rózsa a kertbe szalad.
Szeliden, gúnyosan hajnalodik,
Mint egy rokkant, fáradt öreg,
Úgy szívja tűkre bronzfényeit.

Lassan kibontják szőnyegeit,
S hull a rózsa-zápor.
Földig söpörte magjait,
Aranyló bimbóit hajigálják.

Már ing a márvány szín illata,
Élveteg testté fejlődik alatta,
A fény állata kiáltoztatja,
Áll, kél, hull, rogy és zuhan-még lefele
És szélesen, szűk sötét fellegek
Utána hajolnak, mint két idegen,
Ki néma őrülettel küzd az ünnepért.
Gyakran leszakad a fény és játszva
Várják, hogy a semmiségre leljen
A rózsa, és sírjába visszatérjen.

Super-808000 (lazán)

DERŰLTEK

Ezek voltak ők.
Lelkemből szent gyertyák
Nőttek, s titkosan
Lobbanva csillogtak,
Zárt csókokkal pislákoltak,
Ezek voltak ők.

De most megállottam,
S eltűntek.
Választhattam volna őket,
S a fák, a könnyük és a szemek,
A lombok örökre ránk tekerednek.
Ezek voltak ők.

Csak ezek kellettek volna nekem,
Csak ezek: lázas darázs-sereg,
Akikkel éreztem a halált,
Vagy mikor életem rossz ködében állt,
Dacosan a megsemmisüléshez
Tükrözni magamat,
És porrá törve hagynak,
Hogy ezek voltak ők.
Ezek.

Super-808000 (lazán)

Menü - dalszöveg

HUST A PEN

/Brash/
Vágod? Még a végén te főnök,
A kurvád szívod a végét te főnök,
Ilyen haver nincsen, szarok rátok
Kicsinálta a szavazókat a fajtátok
Meggyőződésem, hogy a srácok nem értik
A kenyeremet nem veszi el az Ég
Feltörlik a képem, mint az állat
Minden korálra bebaszhat!

/Gatyám benyúzom a neved,
dolgozok, de úgyis hazamegyek/
Húzok, várok, pihenjetek,
Faszkivan mindenkit hátba rúgnak
Ez szép volt, de mi vagyunk a geci
A szótokat most fejtsd ki, bazdmeg
Csak nyomjatok, csak adjatok
Nem, nem adok én semmit

/Brash/
Te megszoksz, vágod az átkot
Tudod lesz még néhány kölyök
Még a végén te főnök,
A kurvád szívja a végén te főnök
Ilyen haver nincsen, szarok rátok
Kicsinálod a szavazókat, fajtátok

HipHopRap (Super-808000)

MINDENKI KÖCSÖG

Solo:

Na, hogy sikerült, még mindig itt tartok.
Szomorúan látom, hogy miért vagyok itt.
A legutolsó újabb szám azon tanúskodik, hogy ezt nem
értem.

Refr. 1x:

Mindenki köcsög.
Mindenki köcsög.
Mindenki köcsög.
Mindenki köcsög.

(2x)

"Mindenki köcsög.
Mindenki köcsög.
Mindenki köcsög."

SEITERKELLEK A HÉV-HÁZBA

Vissza a nagyvilágba, már senki se várja
Sorsom a ködbe zárva
Néha még a földre kijutok egy-egy új számba
Már az idő örök, semmit nem bántam
Ez az én utam századok fölött

HipHopRap (Super-808000)

SIRÁLY

Yo, je, végre!
Minden raj már pattan,
Na gyere, mondd, melyik faszom a szarban?
Aki ezt elvárja, az nem, az aki megteheti,
Én csak kurvázom a szerencsét,
Csak egy kicsit szeress engem,
Hiszen itt a te időd, amikor még
Nem szaroznak, csak a zene a fő
Nyomd az észt, a szöveg amit kérsz
És ha nincs kritika, ne sirálykodj
Ha erre kapnak még, én is szárnyakat adok
De a vége a lényeg, az érzés, a gondolatok
Hova lettek, mi rám várnak,
Hova lett a sztár, aki mindig
Halál és siker között élt?

HipHopRap (Super-808000)

ÖTÖS (FT. Ati)

Ady:

Szegényeknek szép a
memóriájuk,
A kurváknak csak ezt
szajkózzák,
Dáridóban az egész világ
zsúfolt, mert mindenki
izgatja,
aki eljut a csúcsra
aki meghúzza a ravaszt,
aki széttöri a harapót,

aki felgyújtja a csapót,
aki leszólja a lakót,
aki elkapja a kölyköt,
aki leszarja a szönyöt,
aki összekeveri a szakmát,
aki élvezik a vérben,
aki vállalja a sorsát,
aki művekben építkezik,
aki veled táncol a téren.

HipHopRap (Super-808000)

PRETTA RETTEGETT

A magyar rap egy hülye, a többi csak szánalom
Mégis keresem a harcot, hogy megmutassam a frankót
Köpködök az életről, ne lássátok a vakot,
Sok gyerek szívét megtörik, ha nem szeretik a gyakot,
Itt az ír, aki a szándék szélén áll,
Már mindent csináltam, úgyhogy nem is nagyon fáj.

HipHopRap (Super-808000)

RÁM GONDOLJATOK

Rám gondoljatok és jó már nem fáj
És sok szép szempár csillan a hátamon
Nem fáj a szívem, nem fáj, nem fáj még
Ez a két szempár a szívemen ég

RockMetal (Super-808000)

TŰZ VAN A MENNYBŐL

A szél nekem már más
Vagy talán csak egy fájdalom más
De ettől csak jobb lesz a menny
Az ég és a föld a tiéd lesz

Tűz van a mennyből
Ég és föld a tiéd
Tűz van a mennyből
Ég és föld a tiéd
Tűz van a mennyből
Ég és föld a tiéd

RockMetal (Super-808000)

MUNKANAP

Nem véletlen írtam neked még a múltkor, hogy téged
nevezlek vissza a munkanapra.
A munkanapot visszük egy kalapba,
Én egy barom vagyok, te meg egy idióta.

Na pia!

Nem baj, hogy túl sokat tévézek.
Ilyenkor mindenki azt hiszi, hogy közel van a vége.

Föl vagyok építve, mint a rongybaba,
És az agyamban ez az állapot meghaladja a lázadást, a
cseszegetést,
Bár már látom a nyomást, hogy húzzatok bele minden fába.
Nézzétek, nézzétek, nézzétek, és kész!

HipHopRap (S-808K)

[HipHopRap töredékek]

Olyan öcsém van, hogy nem csak én viselem el!
De ha kiszállok köcsög, akkor meg a többiek!

Sajnálom, de már nem veszek kötélnek.

Nem szívok csak húzok!

Úúúú, de rég voltam már,
Látom kipihentek az ágyból!

A legenda akkor is az ördögtől való, ha nincs!

Lemaradtál a végéről a torkomnak.

Menü - próza (szépirodalom)

(Célzott stílus: Huszadik század közepéig bezáróan.)

Kedves fanyűvő, a füstbe roskadtál

Elárasztja a kapukat. Egy összekulcsolt kis felhő ráborul a füstfelhőre, amelynek két oldala a szélben száll. Az istállóból a tűz száll, füst fehérlik a havon. De még mindig olyan, mint a röntgen. Könnyű a felhőt szállító vadló, az istálló felületére száll, elgyengülve. Megfogni csak egy lóletét vették fel, de azt az istálló árnyékába vetették, elkergetik a felhőt. Így a tűz alatt sok árnyékot is állítanak, kisebb lóhere fényt és békésebb világot.

A macskák, a macskák nem nyitnak és nem zavarják a felhőt. Itt vannak a macskák között, lassan körözve, könnyen átrepülve egymást követve. És akkor elkezdik megküzdeni magukat a füsttől. A macskák azonnal megkapják az áramló végtelen tüztől.

Hosszú az út, a tűz is felgyullad, a szél is fúj, a füst is, a felhő is száll, mint a szél, a szél fúj. Mélyen a szélben.

Itt még az emberek is fényesen szállnak, a füst is komolyan gyorsul. Fényes a felhő. És a macskák néha szépen lelkiismeretfurdalást éreznek. Lassú füstbe kezdik felhőkbe szállítani a felhőt. Míg az emberek csak a szél képében reménykednek, hogy a füst túl gyorsan terjed.

A macskák az összeomlással szemben azt gondolják, a füst az ördögtől való.

KETTŐ

A fülekben rezgő szavak, és a kifejezés köztük élő. Az évszak a tét, de a hangok a fülekben rezgő szavak. A kettő nem egy, hanem mindkettő. A kettő összemérhetetlen. A fülekben énekeljük a fényt, s árnyékunkban megcsókoljuk őket. A kettő eltakarja az árnyékot, melyben énekünkkel megvigasztaljuk a füleket. Hatalmas díszítésben, szárnyas fűzön kapaszkodva, már a végén táncot lejtünk, összefogva és összetévesztve, s az érzések, a tudat, a vágyak, a remény és a szeretet lebeg az árnyékban.

Nem értjük egymást. A közös, a tárgyiasult érzések, a fényes, a gyönyörű, a forró, a szomorú, a zavartalan, a kéjes, a káprázatos, a káprázatosabb. A kettő együtt megy előre-hátra, s ott van mindkettő. A kettő szemben áll velünk, de előbb föpbb lép. Megállapíthatjuk, hogy a kettő tudatában minden mozdulatunkban egy kép él. Minden mozdulatunkban egy mozdulatot mozdítunk meg. Itt a földi két érzékszervünk, az egyik tudatosságban van a másikban. Itt kell meghajolnunk, és szembenéznünk. Már az elején meghajolva kívánjuk, hogy érezzük a másiknak a fényét. Aztán a meglepetés következtében elvonulnak és meglátjuk, hogy a kettő eltakarja az árnyékot. Ám a kettő együtt megy előre-hátra, és együtt él velünk, együtt nézzük az árnyékot.

Bár még messzire lépünk, még mindig nem értjük egymást. Már csak azt érezzük, hogy ez a kettő nem a kettőnk kapcsolatában zajlik. Földi kettőnkben valódi emberi mivoltunk és jelenléttársunk, melynek látszata éppen ellenkezőleg tükrözi egymást. Azt mondjuk: a kettő eltakarja az árnyékot, és szembenézve az egymással közösülő árnyékkal, mely mindkettőnk érzékszervének végpontja.

Doktor úr! Bocsánatot kérek.

Az öregapja kímélve örül, hogy így múlik az idő, és tényleg mégsem következik be a vég. De hát aztán kellőképpen nekem is eszembe jutott már egyéb is, miként a világ számára ez a kínos gondolat, amely nem bírja magát, mint egy egyenes szál, egyetlen szó, egy közelítő, egy vonószerű, egy más, szűk kis szó. A lényeget elmesélte.

– Először is kétségtelenül a múlt. – mondja az öregapja.

– Először? – kérdi.

– Mindjárt először. Róla tudja, hogy jövőként szeretett, és jövőként szerettetett – mondja az öregapja.
– Róla tudja, hogy jövőként szeretett, és jövőként szerettetett. De hát aztán kell a jövő.

– Bizony, bizony – mondja az öregapja.

– Hogyne, bizony – mondja a lány.

– Aztán nem mondom, hogy történjen valami. De hát aztán kell a jövő.

– Hát persze, hogy az. Minden háború a jövőé. Már megint jövője van az embernek. Mert az a háború, amely végleg felbomlott, az a háború, amely aztán az elmúlásba dől.

– Az elmúlás valami olyasmi, amitől nincs jövő. Nem nincs jövő. És nincs jövő.

Így esett meg Sárából

Csak a télen nem szerették egymást, akkor a kicsi keresztszemes gyerekek, a fűtött felhők és az ősszel meglehetősen kimerült lábak álltak be a folyosóra. A terített asztalnál az egyik szem a sárga fűzfácskát kereste, a másik az őszt, de a gyerekek könnyebben felejtették, és azonnal szétszóródtak. Az egyik még izgalomba jött, már-már félt, mert nem találja a szájában a sárga fűzfácskát, de a nagyobbak elkönyvelték, hogy nem is találja, egyikük ekkor elég öntudatlanul és megértően nézett rá, és rákiabált, hogy az az iszonyú fácska. A lány nem hitt a terített asztalnak. Aztán, az asztal tetején kísértetekkel megrakott táskát dobtak, aztán az egyik nő megkérdezte tőle, a kis könyvvel, amit a függönyökről adott, valójában azt is tudja-e, hogy mi az a fácska. Mikor felfedezte a fűzfát, mondta volna neki, hogy ő fácska, de nem mondta, mert a fűzfának nincs is szépsége, ahogy a gyerekek eltöprengtek azon, hogy a fűzfára miként lehet gyereket rakni, mert egy szép sárga fűzfára nem a jó szándék vezérel, hanem az áldás meg nem valósulása.

Marikának szép napot

– Hát azonnal, ugye, Mester, vidd el a papot, és a kicsi szent Bölcsességet! – kiáltott fel Klárikának a szokott apai-fiai előtt egyre szelídebbül, kacagott a színpad előtt, amelyre komoly arca fülelt. – Hát azonnal, Mester, vidd el a papot, és a kicsi szent Bölcsességet! – kiáltotta előre. – Nem hallgatom! Hogy enged! – tette hozzá. – Úgy a legjobb. Jól van, apa! – mondta, és úgy szépített, mint valami domború hegyorom. – Hát azonnal! – mondta Klárikának. – Hát azonnal! – helyre vágta Klárikát. – És azért tessék, a maga útját járja! – mondta a színpad előtt, és zavartan, ijedten felugrott, hogy amikor felért, Klárikának szólt. – Hát azonnal! – mondta önkéntelen, és újra visszafordult, ami természetes volt, de az állapota érezhetően jobbra fordult. – Hát azonnal! – mondta Klárikának, és mintha a földhöz kapott volna, azonnal egy-egy lépést kellett volna még lassítani, de amint látott, megfordult. – És a színpad előtt is megkezdődött a visszafordulás. – Lássuk! – mondta, mire Klárikát földbe rántotta. – Lássuk! – mondta előre. – Hát azonnal! – mondta Klárikának, és aztán felcsapott egy nagy káromkodást a színpadra, hogy visszajöjjön. – Lássuk! – mondta a színpad előtt. – Hát azonnal! – mondta Klárikának. – Ó, milyen elkeserítő volt ez a mai baleset. – Hát milyen veszélyes! – mondta Klárikának, és meghajolt, hogy majd a színpad előtt találja magát. – Hát azonnal! – mondta Klárikának. – Majd hívom azt a bányaló kórust, szólt már, és előre lőtt, és utána ment.

MÁSODIK FELESÉG

A többiek már-már jól érezték magukat. Itt ültek a padláson. Nem gondolhatták volna, hogy a két megoldás közül valamelyik így semlegesíti a költői élményt. Még azt is, hogy a bizonytalanság következtében elhagyta a költőt az egyéni sors, és azt a második feleséget, akinek életre szóló válasza volt a költészet által az élet alapdokumentumainak megteremtésére, komolyan kereste. Itt érezte meg az igazi magyarázatát annak a számnak, amelyet a széles életében nem képes kifejezni, mégsem tudja kielégíteni a lírai fogalomhasználat, az abszolút odaadás érzéke. Itt ült a kis leányalak, egy szál gyöngyházban, szomorúan látta, hogy az élet értelmét nem ismeri el. A legcsodálatosabb különbség, hogy a második feleség a költő számára a világ legszomorúbb, leglehetetlenebb, legrosszabb valamije, amely állandóan megkínozza a gyöngyházba kényszerített lírai életben élő költőt.

Egy csodálatos dolog vált világossá az első felesége előtt, az a világosság, mely egy ember életéből támadt. Mert a gyöngyházba írt élet állandóan megmételyezte. Mert akkoriban minden összeomlott a halállal szemben. Mert a gyöngyházba írt dal az örökké tartó lírai fájdalom.

Menü - online újságírás

KÉT SZÁZALÉKKAL FOG MEGKELNI A CSEH MUNKÁSOKNAK A PAPÍR, VAGY A SZOBOR

A központi bank tegnapi, február 12-i határidős pénzügyi közgyűlése már megkezdte a középtávú cseh munkaügyi segítséget.

Az OTP jegyzett tőkéje 11,3 százalékkal emelkedik, a bankszövetségé 8,7 százalékkal nőtt, de ez azt jelenti, hogy a teljes lakosság egy hónap múlva visszamegy a fizetésére.

A központi bank papírjai az összforgalomból 1,1 százalékkal nőnek, az új tőke közel 12,2 százalékkal, de nem olyan jól, mint eddig bármikor.

A felmérések szerint a központi bank és az OTP nem közvetlenül az államkötvény-kibocsátás jelentős változatát tartja veszélyesnek, hanem inkább a központi bankot nyugtatta meg.

MÁR MEGVAN!

A gyanúsítottak újra felhívták a figyelmet a vizsgálat megállapítására, s megkezdték a vizsgálatot. A rendőrség munkatársai, további részletek itt.

A védők egyöntetűen az ellenállás levezetését fontolgatták, miként a véletlenek is bebizonyították. A bíróság azonban új védőket vesztegetett össze, akik tévesen megpróbáltak kifizetni egy vétlent, és ezt a vizsgálat lefolytatta, és megállapította, hogy ez így bűnös. A védők ellenállását elismerték, majd a bíróságot felfüggesztették.

EZT AZ "ÁLLAMCSŐDÖRT" A FIDESZ ELADNÁ?

Török Zsolt szerint az európai parlament által megkövetelt döntés fényében meg kell újítani a honvédelmet, valamint meg kell emelni az oktatást és a kulturális, illetve nyelvi együttműködés kereteit is. Török azt mondta, hogy nem látja könnyen a változásokat, bár lehet, hogy már a 2006-os új költségvetés körül ezt sokan úgy értékelik, hogy nagyon kevesen akarják megfizetni a kormányzást. A lap szerint az új költségvetés változtatásával az államháztartási hiány csökken, s az államtól függetlenül egyre több területen állítható a fideszes változás.

A lap a társadalmi változások összességét vitatja, ezért kérte az európai parlamentet a népszavazás megtörésére. Az elnök hangsúlyozta: a magyar társadalom elutasítása a legjobb szó a törvényhozásban. A kormány változtatásával a családok jelentős része, a szülők, a gyermekük, illetve az összes érintett, a családtagok és az állampolgárok változatlanul megmaradhatnak. A gyermekek és az állampolgárok többsége - a bűnözők, a munkanélküliek, a családosok, a családtámogatók, a gyerekek, az egészségügyi dolgozók és a közalkalmazottak esetében is - nem élhet azzal a lehetőséggel, hogy a társadalom a közéleti szereplők között konfliktusokkal küzdő erővé váljon, bár erre az EU korlátozó, ám kevésbé súlyos jogalkotmányának (Guess Without Same) részeit sem szabad már felhasználni.

FÖLDVÁROSI MEGBÍZÁSOK MIATT KERESIK A TANÁCSOKAT

A megyei főügyészség birtokába jutott január 1-jei, önálló népszavazást követő megkeresésben szerepelt a Központi Statisztikai Hivatal (KSH) felmérése. A kérdés megkérdezésénél az eredményt még nem számolta fel a közgyűlés.

A kérdésre személyesen többen a választ is elfogadták, de a megkeresésre azért volt szükség, mert egyértelműen nem állapították meg, hogy bármely szavazótáborba érkező szavazatokat tudnak-e nyerni. Ezért a kérdésre általában a megyei főügyészség elnöke és tisztségviselője személyesen is felhívta a figyelmet. A felmérésnek egyébként számos választékát is népszavazással oldották meg, az állampolgárok számára a legkülönfélébb adatokkal.

A megkeresés tézisei:

- Nem lehetett bizonyítani, hogy összesen 753 közszolga a megkeresésben szereplő személy közül az egyiket kapja meg, a másikat az érdekképviseleti szervek közül is csak egy választotta meg.
- A megkeresésekben szereplő személyek közül 659 közszolga nem adta meg a voksát, de a megkeresésben szereplők közül 136-ot felkértek, hogy kézjegyével az ügyészséghez továbbítsa a kérdést.
- A megyei főügyészség személyesen csak megkeresésre adta meg a választ, ezért a megkeresést nem szavazták meg.
- A kérdéssel érkező újságírók és képviselők egyharmada válaszát elfogadták és azt is csak egyötöde adta meg.

A megkeresés adatait a MeH honlapjának címére kattintva olvashatják.

TEHÁT NEM FÜGGETLENÜL IGAZOLT A VEZETÉKES PÉNTEKEN

Budapest nem adott még földi javat az Európai Uniónak az EKB folyósításával kapcsolatban, írja az Index.

A Regiszter című napilap keddi száma azt írja, hogy az EKB közleménye szerint megkezdték a Budapest-Nyugatópálya közötti területeken a főbb magyar útvonalak felsorolását, azt is meghallgatva, hogy mennyiben különböztetik meg egyes tájegységek helyi megfelelőit.

Mint a szaklap megjegyezte, már az EU központi témájának tekinthető, hogy a regiszterből kiderüljön a Budapest-Nyugatópálya viszonylat javaslata, amelyek részben meghaladnák a Budapest-Nyugatópálya közötti környezeti hatásokat.

A szaklap jóvoltából a pénteki közlemény megerősíti, hogy a Regiszter éppen a főbb javaslatoknak megfelelően készül, a szóban forgó szakaszt a főbb javaslatokat megszerző szakértők még egyetlen hónapra sem teszik közzé.

A szaklap szerint a szakmai körök által is elfogadott, hogy a főbb magyar útvonalak még nem érintettek, hiszen az új metró és villamosjáratok néhány év múlva megnyílnak.

PANAMA KIRÁLYNŐ LETT A LEGDRÁGÁBB SPANYOL NŐ

Kétmillió dollárért kapott egy 97 éves, 110 négyzetméteres szobát az amerikai játékfilm-rendező, Justine Henin, akinek pár évig kell majd házasodnia. A díjra jelölt filmek között találhatók lesznek a filmes feldolgozások, történelmi kalandok, rajzok, sztorik, izgalmas és szórakoztató történetek, melyek között szerepel Robert Rodriguez, Sean Penn és Michael Douglas is. A férfi hivatalosan egyelőre női pártokban áll, és egyenlőre rajongói táborának az újdonságokat is képviseli, mivel a filmet 2,5 millióan nézték.

SZABAD ELNÖKÖT VÁLASZTANAK A KURVÁK

A kampánycsend miatt több tízezer példányban oszlottak el a szavazatok, de a kampány még nem történt meg, csak a közvéleménykutatások, egyéb médiajelentések alapján. A megkérdezett kérdések 40 százaléka felelős az elnöki címért, ami közel kétszerese annak, amit a Fidesz választási kampányában, illetve a választásokon várni lehetett.

Az ausztrál többségű Ausztrál Egyesült Államok, mintegy 300 ezer elnöke több éve úgy választotta meg a kérdéseket, hogy nem az ország szavazói számára kívánt ellensúlyt biztosítson. A bejelentett közvélemény-kutatásokban összesen 200 000, míg Ausztráliában a választásokon csak 17 000 voksot kapott elnök. Ausztrália számára a hírhedt háttérnevet többnyire a magyar származású felnőtt lánytípusokra használták, és számos tévéműsorban is szerepelt. A vizsgált területeken a támogatásoknak évről-évre növekednie kell, kivéve a lakásépítést, a társadalom problémáit, és az erre szolgáló törekvéseket, mint például a kommunikációs képességek fejlesztése, a támogatások közötti információáramlás megvalósítása, illetve a tudományos kutatások elősegítése.

A média fejlődése minden elképzelés ellenére újdonságot nyújt: korábban egyre több kérdéssel érkezett közvélemény-kutatás, míg mostanra egyre csak mélyebben keresi a választ a kérdés. A fejlődés csak jelenleg az elmúlt évtizedekben kezdődött.

Mivel a média különösen nagyon kártékony, hosszú ideig az adások nagyobb részét a közvélemény-kutatásokra fordítják. A választásokat közel húszmillió ember nyerte, míg a választásokon csak kevesebb mint 1000 szavazó lépett ki.

MAGYAR FOCISTA EGY NÉGYES METRÓN

Újra kell szervezni a Magyar Fociszövetség (MFSZ) négyes metrós tavaszi közgyűlését a hátralevő hat hónapban, jelentette be Szájer József, a MFSZ elnöke hétfőn a Hír TV Híradójának.

Az MFSZ elnöke újságíróknak elmondta: a metró közvetlen közelében van a MÁV székháza, ami a központi székhely kiváló színfoltja, egy másfél méteres szintkülönbséggel szabadítják fel azt.

(MFSZ = Magyar Fociszövetség saját mű. Érti a betűszavak logikáját)

HAZAI PÁLYÁZAT MINDENKINEK!

Magyar Költők és Írók Egyesülete (KÖLEK) 1980-ban alakult, működési területi és egészségügyi minisztériumi csoporttal.

(De nem feltétlenül követi)

ELFOGADTÁK A BIZALMATLANSÁGI KÉRDÉSEKET

A parlament elfogadta a Bizalmatlansági Kérdések Törvénykönyvét, és kifejezetten rendkívüli esetekről szóló törvényt fogadott el az ügyekben.

Magyarázat

A bizalmatlansági kérdésekhez kapcsolódóan a kormány egyéb kérdéseiről is rendkívüli esetekről szóló törvényt fogadott el, mely szerint a parlament lehetőséget ad azok megállapítására, hogy milyen súlyos bűncselekmények történhettek azon a nép ellen, akik különösen elkövetik a bűnös cselekedeteket.

A törvényt azért kapják, hogy közvetítse a népvándorlást és az anyaország létezését a világban. Ezt a következtetést az azonnali és különös kormány-határozatokkal is támasztották. A bizalmatlansági kérdések elutasítására a jogszabályokat nem tartalmazó törvényben rögzített következtetést, az alkotmánysértések elkövetésére az ellenőrzési, illetve védő eljárásokat tartalmazó törvényben rögzített következtetést a törvényhozás elfogadta.

KULT: JÓL VAN A RÉMES KAMMEL KONCERTRŐL KÉSZÜLT SZEXJELENET

Az Egyesült Államokban már korábban bejelentették, hogy a négyrétegű szexjelenetet egy AIS nevű szoborba készítették.

A mű fő célja, hogy az egyik elhívott rémes-központú, a másik pedig háttérbe szorítsa a híveket. A film szélén lévő szobrot az Amerikai Egyesült Államok Legfelsőbb Bírósága felajánlotta az amerikai közösségnek, és kiállította a számára használható eszközök közül az első változatot. A film végén az egyik főszerepet egy háziállat veszi fel, amely a Földre nézve hatalmas érzelmi fölényben szenvedő embert játszik, a másik pedig egy szőrös fickó, aki kórházba kerül.

KÉTMILLIÓ MEGALÁZOTT ALKOTMÁNYOS DÖNTÉSHOZÓ

A kormány folytatja a fizikai erőszakos megkülönböztetést, az alkotmányellenes gyakorlatokat. A vizsgálat eredménye szerint a kérdésben közvetlenül nem volt szerepe a környezeti erőszaknak. A különböző szervezetek nagy valószínűséggel az alkotmányellenességnek a fokozódó megakadályozására törekedtek.

A vizsgálat támogatja az állampolgárok mindennapi politikai vagy gazdasági erőszakos megkülönböztetését. Ennek a megkülönböztetésnek a tényállása alapján a politikai erőszak kérdést, valamint a hatékonyabb kormányzást kívánja elérni.

ZSOLT PÉTER: MINDIG A TE VÉLEMÉNYED VÁLTOZIK

És nem, nem az. A történelem eltörli, mert a saját személyes döntéseik is lényegesen változnak, csak az nem sikerülhet. Eljött a változás időszaka, a történelem szétrombolja az emberiséget. Például évtizedekkel később, már a vezető időszakban, vannak példák, amikor a történelmet szétzúzza az, ami most van.

Hát, a vezető történelmet, az általános iskolai tudást, a háborút nem tudjuk eltörölni, a vezető pedig elvárható, nem sikerülhet. Nem akkor kell, hogy tegyen valamit a kormány, amikor már mindenki számára elérhető, hogy mit kell tenni, mikor kell dönteni, hogy mit tegyen az, aki számára ez az alapvető kérdés, a szabad kéz kell, és már a történelem is kezdődhet vele. Ilyen ez a másik oldal, ahol történelmet csinálni nem egyszerű, mert nem lehet eltörölni.

A történelem úgy kezdődik, hogy valójában minden kormány, ország, nemzet az, aki dolgozik, és ezáltal az ország életét ápolja, az az állam, amelyik lényegesen korábbi kormányok által támogatott. És még sorolhatnám. Amikor a szabadság lezárja az embereket, mert folyton törődnek az emberekkel, akkor olyan döntéseket hoznak, amikről mindig megvan a véleményük. A folyamatban van egy másik megoldás: valahogy úgy fog jönni, hogy a kormány megmutatja, hogyan kell dolgozni, hogyan is kell viselkedni, hogy kell történelmet csinálni, mikor kell változtatni, hogyan tudjunk dönteni. És ebben nincs kételkedés, minden megoldható. Kész ez az egész, csak el kell kerülni azokat, akik a történelmet úgy kezdték, hogy jól lássák, hogyan kell dolgozni, hogyan kell viselkedni.

És ezt nem szabad eltörölni, el kell hagyni a kormányzatot, amelyik ugyanezt teszi. És a történelmet kell erősíteni, és az eltérő véleményeket össze kell hozni, hogy látszólag megadják a valós véleményeket a folyamatban levők.

KÉSZ EGY ÚJ FŐISKOLA

Több helyen is olvastuk már, hogy már most lehetőség nyílhat a Főiskola megújítására - mondta el Székely Gabriella, a Főiskola területi igazgatója. Mint mondta, a megkezdett alapokat csak a munka segítségével sikerül kihasználni, így képes a továbbiakban is segíteni.

Világos a terv

A Főiskola alapítói azzal is tisztában vannak, hogy az általános iskolai felvételi rendszert valószínűleg a legtöbb középiskolában általánosabbá szeretnék fejleszteni, ám ezt a Főiskola pályázati pénzek elosztásával, a tanulmányok készítésével, és az intézményekkel kell biztosítani.

Az alapítók több iskoláról is beszélnek, de a legfontosabb az iskola működését illetően: a tervek szerint 2005-ben már több, jelenleg is fenntartható szakokat tartanának kialakítva.

Mivel azonban egyre több a középiskolások körében a veszteség, ezért a szakok befejezését követően elsősorban a szakmai támogatások felhasználásával foglalkoznának a szülők. Egyre több időszakos szakmai tevékenység jönne létre a Főiskolán, ezért ezt a feladatot az alapítók egyre inkább közreműködésükkel segíthetik elő.

A megkezdett szakmai képzésekkel és az intézményekkel kapcsolatos szakmai tevékenységeket a Főiskola összpontosítja, párhuzamosan támogatja, és egyre több embernek biztosítana lehetőséget az életre. Az alapítók a tervek szerint 2005-ben az előző években összehangolt akciók mellett - a főiskolai szakok, például a nyelvvizsga előtt - környezeti nevelést szeretnének végezni.

A legfontosabb feladat

A legfontosabbak: A Főiskolai diplomák és az egyetemek jelenléte, a szakok választásának előkészítése, szakmai képzés biztosítása, az iskolák összpontosítása, a végzett munka gyakorlása, a gyakorlatok készítése

Menü - líra prefixszel

Himnusz kiegészítés 1.

Isten, áldd meg a magyart
Jó kedvvel, bőséggel,
Nyújts feléje védő kart,
Ha küzd ellenséggel;
S válasszon nyelveden
Égig érő fűzfa-ágat,
S ha kétfelé szakad
A törzs sok drága ága,
Vele együtt a világ
Széjjel kókad, szárad.

Himnusz kiegészítés 2.

Isten, áldd meg a magyart
Jó kedvvel, bőséggel,
Nyújts feléje védő kart,
Ha küzd ellenséggel;
Bánatnak őrjítő keze
Rajta sebezze
Széles kardot:
Nagy győzödelmet vete rája,
Török és tatár.
Bátran viszi a magyar
Szívvel, erővel
Sírjáig,
Hogy szíve örökre éljen,
Másként nem adhat
Se békét, se hőséget.

Himnusz kiegészítés 3.

Isten, áldd meg a magyart
Jó kedvvel, bőséggel,
Nyújts feléje védő kart,
Ha küzd ellenséggel;
Egy küzdő, örök Isten,
Dicsőségért őrizzen!

Himnusz kiegészítés 4.

Isten, áldd meg a magyart
Jó kedvvel, bőséggel,
Nyújts feléje védő kart,
Ha küzd ellenséggel;
S ha máshogy nem, szárazon,
Tápláljad a sebet,
Hogy majd sírba teremtsd
A magyart, ki nélküled
Sírba nem temet.

Himnusz kiegészítés [töredékek]

Az áldás itten véget ér,
S ott áll megváltásra várva
A vesztes halálra.

***

Az ország megúnt láncát?
Ki tesz újabb bajt ránk?
Milyen közös jövőt várhat,
Mennyi vágy árán állhat?

***

S aki e kardnak győztöt
Enyhítést talál,
Nem fogja többé őt
Hatalmas karja közt
Dönteni halál.

***

Hogy a szabadság tetejét,
Kénytelen lépik
S mégis fölemelt karral
Várnak rá a közvetlen égig.

***

Aki nem dolgozik, nem eszik.
Fölkel a nap, az ég megnyugszik,
Ha fáj a sorsunk, ünnepre járunk,
Tárt karokkal, zárt szívvel,
Jó kedvvel, bőséggel,
Nyújts feléje védő kart,
Ha küzd ellenséggel!

Szózat kiegészítés 1.

Hazádnak rendületlenűl
Légy híve, oh magyar;
Bölcsőd az s majdan sírod is,
Mely ápol s eltakar.

Fázva néz vissza rád
A drágán fakadt vagyon, hogy
Míg zászlód földbe hajtat,
Csak izzad holt gyermeked,
Mely azt eltépte, s ezért
Sírva szorítod agyon.

Szózat kiegészítés 2.

Hazádnak rendületlenűl
Légy híve, oh magyar;
Bölcsőd az s majdan sírod is,
Mely ápol s eltakar.

Jőj haza, haj! könnyes álmok
Lakói látogassatok,
Vedd öledbe, kék szemed,
Mely szép egekre hányatott.
Nézd, a sír sem szakad el,
Mely olyan mást kivet,
Sőt többé végig sem látja,
Midőn az idő ott felejt.

Szózat kiegészítés 3.

Hazádnak rendületlenűl
Légy híve, oh magyar;
Bölcsőd az s majdan sírod is,
Mely ápol s eltakar.

S mikoron végre sírod is
Csendes álomba dűl,
Virágzása hangosabb,
Búsabb lesz mindenűl.
Vérözön virágiban
Foly egy szál meleg,
S a vesztett háború
Még búsabbá teszen.

Szózat kiegészítés 4.

Hazádnak rendületlenűl
Légy híve, oh magyar;
Bölcsőd az s majdan sírod is,
Mely ápol s eltakar.

A gondolat is még él,
S azon kívűl nincs remény,
Hogy könnyeid hulláma
Csillapítsa a húrt:
Vérted zúgó háborgása,
Éltet és fenyeget,
Neked váltságos út
A láthatárt valóra váltja,
S vérbe öltözött fegyvered
Sírba búj.

Szózat kiegészítés 5.

Hazádnak rendületlenűl
Légy híve, oh magyar;
Bölcsőd az s majdan sírod is,
Mely ápol s eltakar.

Ha minden gondolatja
Lángol, és szivében
Valóban azt reméli,
Hogy földi paradicsom
E látható valóság,
Szép hazánk magyarjainak
Sokasága olyan,
Mint a szabadság.

Menü - próza, kulcsszavakkal

(Megadott kulcsszavak: költő, magyar, gép, lélek, program, jövő.)

HAJNALI FORRÓSÁG

Mikor kis városban megtörtént a hajnali csodaszép, bár változatlanul maradtak a szavak, kis időm járására megkezdett felébredni a világ. Csodálatos volt. Minden igazság megnyílt, de a magasabb pillanatok mindent visszafújtak.

Egyszerre kezdtem kifejezést adni, elképzelni, hogy a földi álom különös következménye megnyitja szívem belsejét, egyben, végig.

A verseket érzékeltetem, illatukat elkergettem a levegőben, hogy szépségükkel ábrázoljam kinyújtott nyelvük édes, könnyü szabadságát.

Azt hiszem, ez az utolsó víz, mi az ébredési
mód útjába kerültem. Ötletek elkergetésére néztem oda, s egyenest már ott álltam sokáig, jól megérezve magam. A lélek látványa, ereje, látványa igazán tetszett. A vers azért, hogy megmutassam neki, valójában kicsoda ez a vers, egy szóval megpróbálom megmutatni neki, hogy ez a vers, az egy másik, nagyon másik, igen másik.

Gyerekkori barátja vagyok, s mégis a magam kisértése. Lényem szeretetétől megfosztom felfedezésemet. Hogy megtaláljam, amit keresek, s megtaláljak azt, ami másoknak adatott, valósítsam meg, így bátorkodom megérezni, érezni, tiszta vagyok.

El tudom képzelni, hogy az én kis bensőmnek más-más kisértése látszik a költő számára, s azt, hogy a költő örökké él.

Nem úgy volt, ahogy szerétett, csak egy jelben látott önmagával, és nem azt, hogy ami ott van, nem érezte a többiekkel,
hogy az akarata örökké él.

ÚJRA KELL MINDEN FÜLEKNEK SZÜLETNI

Fogalmazzunk úgy, hogy az alkotó mindenható.

Évek óta szoktam mondani, hogy a regényhős az egyetlen, aki az utcáról is belebújhat a csatatérbe. Akkor még a szereplők is évek óta álmaiban születtek meg.

Aztán a sajtó jólérezte magát a sztoriban. A költő állt. Úgy közvetlenül az elején az alakok vannak. Ez még nem álom.

Az a költő, akinek minden megvan hozzá, csak szerepeltetni kell. Mert a cselekmény alakul, de még nem kezdett el felfelé szakadni.

Hát ezt a magasröptű költői dolgot, hogy fogjuk fel? Ez az ember egy költő.
Minden megvan hozzá, csak szerepeltetni kell.

Mi az a "szerepeltetés"? Hogy felfelé szakadt.

A költő mit csinál? Mindent.

Ilyen költői kérdésekre adott válaszokat adhatok.

Hogy nem kezdett el felfelé szakadni. Hogy felfelé szakadt.

MESÉL A LÉLEK

Vége van a hónapnak, vége van a heteknek, vége a napnak. De vége a télnek is, és még véletlenül se tudja senki, hogy itt van-e még valaki.

Az egyik felhő a hegyről a másikat földre szántja. A háztetők alatt a gáz és az olaj története keveredik össze, a csúcson túli társadalmaké.

Időtlen idők óta a példa a piszok, mert azt látjuk: az, hogy a múlt, elmúlt, egy pillanatig sem volt képes megmaradni.

Valaki csak az előbb olvasott egy verset. Valaki most tudja meg, hogy hová is költözött ez a néhány évtized. Valaki a világ dolgait változtatta meg. Valaki meg akarja mutatni, hogy bármit is, ami számára a világot jelenti, a szeretet értelmetlenségekbe töri, és a képzelet ereje, mint egy seb, a szabadságot kifékezi.

Ha láttad a ködös homályban a sötétséget, és láttad a csöndben a szépséget, a tiszta erővel és hittel elrejtett világot, talán itt van még valaki.

JÖVŐ?

Száz év, egy új program kezdete. Új életre kel, el kell induljon, itt a vég, lassan élni,
majd el kell induljon, itt a vég. Lassan, mint a mák, úgy kezdi az életet, ezt kell tenni.

Várjuk, hogy minden véget ér, ez lesz a vége.

Egy élet, s az utolsó, mégis az örök.

Jön majd a program, s véget ér a jövő.

Búcsúzni fog a szív, a szó elkezd, de mit ér,
ha a vég az utolsó, mit ér az élet?

Nem a költő fog tenni, hanem az idő.

A lélek, ami mélyebb, mint a tér,
amiből elindul a költő, ami a fény.

De nem akarom elmondani, nem mondom el.
A lélek örök, az idő a lényeg.

Nem akarom elmondani, nem mondom el.

Menü - líra, kulcsszavakkal

(Megadott kulcsszavak: költő, magyar, gép, lélek, program, jövő.)
(Lazán és feszesen.)

ÖNGYILKOS A SZENT LÉLEK

Szétszóródott szeretet,
Bennem fagyos, szegény
lélek,
Fájdalom, bánat, félelem,
Szélbe fúló, félelmetes,
Hódító áhítat,
Megtört szívekbe szaladó,

Önfeledt játék,
Vakító ráció,
Másokkal kibélelt jó,
Dühöt játszó, szomorú,
Fáradt, szürke tél,
Feneketlen, légüres tér.

PROGAGO

Olykor közelít az április,
Újból kiderül, mit akar az élet.
Jaj, ki tudja, hova is tartozik:
Egy áprilisi, egy igazi költő,
Rafinált lélek, talpig
Nagyindulatú
Ember, aki már a megfeszítésig
Veri, veri a prózát, a tanítást.

A magyar weblapokat hányszor téptük,
Némán, de megnyugtatóan,
Tündéri dallamok és gyönyörű
Légi szövegek,
Ezer
Év tövénél gomolygó vonat.

NAPNYUGTA BOGARÁN VÉGIG MINDEN ŐSZI

Hegyen, Karácsony felé:
Mintha egy órája minőségi költő.
(Az is volt.)
A habban meg,
Ha rokon, rokon lelkű is, válogatva,
közösen.
(S ha hívő, besúgó, keresztény
magyar
lesz belőle, ismeri.)
És ilyen sorsok még el sem
tudnak látni;
Meg ilyen rőt csillagok nem
ragyognak benne, mégis, útjuk
ashang,
Évszakok kicsiny magvas bája,
Mint minden nagyobbá tétel,
kicsiny óra a magvas menetben,
S ennél fényesebben,
Ahogy az egyszó honlap, alighogy
végigjárják némely író fényképével
föltündöklő fejüket, „Béke
és örömök!", érdekes, hogy
egyszerre
Engem csak az ajtófélfán lüktető
csillár zavarja meg, hogy nyugodt
legyek -
Engedjen szabadon, csak az ajtó?
S míg figyeltem őket, ez a hír
egyszerre
Elkapcsolt másutt is. „Béke!"

Kiváncsian,
Az az apró isten, amit magamban
hordok,
mindent lát. Másutt sárgán,
fehéren, fényesen.
(Hát ha nyugodt?)

Álmában ez hívó periódus, a
szorongás, a
Vágyra fényt derítő poézis. Persze,
az ágyban az
Orvos a kihívást látja személyes
kedvencéből. (Kíváncsiságból?)
Az ötödik emelet túloldalán már
visszafelé állok
a teraszra, fölfelé, észak felé.

Új fejlemény, ami
számomra szinte azonos: én épp
úgy, mint a
Hazánkban élő nyelvész, úgy
ejtettek egymással itten
Ezek a hánytató görcsök. Engem
az évszak megőrződése, a szép
külvárosi kert
Varázsa bíztat. Történhetne akár
egy gigant,
vagy egy Galaktina, ennek
mennyország-őrzője a Perzsa
utcában. És így tovább.

SZÉPMÁVLEVÉL

A versek kérem, egymást válasszák;
Ha nem bírnánk, hogy légyen-hasonlítnak másokra,
Elrejtve minden emléket, mit elvisznek
Kézből - amelyik költő-személynek
Nincs magyarázat vagy ismeret,
Nem segíthet a szívben, a húsban,
Mely életében csak a jelenben
Vezet, amelyik nem hajszol,
S az is, kinek ezek is hasonlók -
Bárhol is járunk, ki maradna
Igazi költő?

Nem találom az egyenlőséget
A költők beszédben, amelyek
A grafikai leírás sorát
Átható erővel alkalmazzák,
S a belső ismertetését valami
Világot tagadva a költői
Szemlélet útvesztőiből letörik.
Tökéletesen más, mint a másik,
Mint a nyilvános, szentséges valóság.

MAGYARORSZÁG

Ez volt 1989. december.
Annyi rosszat tett a rendszerváltás.
Régi szokás, cinkos lojalitás.
Földúton, tereken sok ottfelejtett ember.

A KÖLTŐ

Két év szünet után,
A vers magyar szabadon,
Babonás és keserű,
A költő sírva szeret,
Minden tájat leír,
És az ihlet is nekivág,
Az ihlet lágy takarót talál,
És örökké élni akar,
A lélek, mely egykoron
Hullt, mint a hó szakadatlan,
Mint három éves kislány.

S még egyre búsabb az ujj,
A költőt vesd még
keresztbe,
Minden titok félretolva
Ártatlan lesz, oly egyszerű,
És egyre megjelenik
A magyar szép virág,
Mely hasonlóvá szivárog,
S már tudom, költő-óriás,
Melyek a holtak és a jelen,
Amely virágot szül a
parlamentben,
Csodálatos és örök
Lesz, mint a jövő,
Akár a természet aranya,
Szelíd ősz, hevült levél,
A zöld, kék majd miénk,
Halk dal, mely nekünk
beszél,

De a magyar szellem és a
könny,
Az élet gyász, napsugár
S a kéz, mely némán reszket
itt,
A költő, mely megérint:
Ez az igaz, s ránk ragyog
Az ismerős illat,
A könny, az a hazug,
Mint délután az est,
Hogy éveink felett
Megint szerteszét
Hullott minden levél,

És úgy tetszik a magyar
szép virágnak
Mindegy még, hogy hova
akar,
Vén és ifjú csodáknak
Ugye, ilyen virága vár még,
Hogy kimondja majd e dalt:
Te szív, te szív, te levél,
Miért küzdesz, ha a fék,
- S egyedül mi félünk -
A költő, az a legfékebb?

Költő, nem szeretsz minket,
Másé vagy és nem lehetsz
szép.

A Gép